속 시원한 글쓰기

KB119336

속 시원한 글쓰기

© 오도엽 2012

초판 1쇄 발행 2012년 8월 27일
초판 4쇄 발행 2016년 8월 25일

지은이 오도엽
펴낸이 이기섭
편집인 김수영
책임편집 정회엽
마케팅 조재성 정윤성 한성진 정영은 박신영
경영지원 김미란 장혜정

펴낸곳 한겨레출판(주) www.hanibook.co.kr
등록 2006년 1월 4일 제313-2006-00003호
주소 서울시 마포구 효창목길6 (공덕동) 한겨레신문사 4층
전화 02)6383-1602~3 **팩스** 02)6383-1610
대표메일 book@hanibook.co.kr

ISBN 978-89-8431-615-7 03710

속 시원한 글쓰기

오도엽 지음

한겨레출판

글을 쓰려면 머리가 지끈거리나요?

쓰고 싶은 이야기가 넘치는데 종이만 펼치면 손가락이 굳나요?

먹고살기도 힘든데 글이 뭐 말라비틀어진 말이냐고요?

작가가 되고 싶다고요?

이 책은 당신의 질문에 답을 주지 않습니다. 다만 여러분을 글쓰기로 안내할 뿐입니다. 그럴듯한 이론이나 화려한 문장을 쓰고 싶다면 이 책을 펼치지 마십시오. 이 책에는 문학이론이나 글쓰기 책에서 나오지 않은 이야기뿐입니다. 아니, 그 '잘난' 이야기와는 거꾸로 된 이야기로 가득합니다.

이 책에는 글이 뭔지도 모르고 작가가 된 제가 좌충우돌하며 겪었던 경험이 담겨 있습니다. 농민, 노동자, 대학생, 청소년들을 만나 함께 글쓰기를 하며 마주쳤던 어려움을 정리했습니다.

한 꼭지씩 읽다 보면 자연스레 글을 쓰고 싶다는 마음이 생길 겁니다. 글쓰기가 두려웠던 사람은 자신감을 얻고, 글쓰기가 어려웠던 사람은 쉽게 글쓰기에 다가갈 수 있습니다.

이 책을 읽으며 글을 쓰면 이웃이 소중하게 여겨집니다. 내가 살아가는 세상이 보입니다. 결국 내 삶이 아름답게 가꿔집니다. 나와 이웃, 그리고 세상이 아름다워지는 글쓰기가 펼쳐집니다.

책에 좋은 내용이 담긴 글들을 함께 실었습니다. 잘못 쓴 글을 고치는 것보다 좋은 글을 많이 만나는 게 글쓰기에 더 큰 도움이 되기 때문입니다. 이건 어법이 어떻고, 이건 비문이고, 이건 잘못된 표현이고, 빨간 줄을 친다고 글이 잘 써지는 게 아닙니다. 좋은 생각, 좋은 표현을 익힐 때 좋은 글, 살아있는 글이 나옵니다.

글을 처음 쓰는 사람, 청소년, 그리고 땀 흘려 일하는 사람들이 쉽게 글과 만날 수 있었으면 하는 간절한 바람을 이곳에 담습니다.

2012년 8월
연희문학창작촌에서
오도엽

차례

먼저 너 자신을 써라

내 멋대로 글쓰기

"글 쓸라고 자리에 앉으면 대가리에 짐(김)부터 납니더."

청소년 기자학교에 갔더니, 경남 창녕에서 올라온 친구가 대뜸 한 말이다.

"그럼 뭐 하러 이곳에 왔노?"

물었더니, 자신을 공부시키려고 소매를 걷고 나선 어머니의 피나는 노력을 말한다. 어머니와 자식 간에 벌어진 피 튀기는 전쟁이 〈지붕 뚫고 하이킥〉 저리 가라 할 정도다. 배꼽을 잡고 웃었다.

"그런 이야기를 글로 쓰는 거야. 그대로 써봐."

"글이요? 아, 말도 마이소. 대가리에 짐 납니더."

고개를 살래살래 흔든다.

"너 글자 모르나? 지금 한 말을 고대로 옮기면 되는데 뭐가 어렵노."

"쌤요! 그런 말 마이소."

두 눈을 부릅뜨고 대든다.

"글이 우찌 말과 같습니꺼. 쌤은 쌤처럼 보이잖고, 건달 같아 술술 말하는 거 아닙니꺼. 그란데 요놈의 종이를 보는 순간 대갈빡이 백지장이 됩니더. 그라고 우찌 말을 그대로 글로 옮깁니꺼."

글을 쓰려면 서론·본론·결론도 있어야 하고, 가방끈이 긴 것처럼 멋들어지게 써야 하지 않느냐며 따진다.

"쌤! 진짜 작가 맞습니꺼?"

주둥이만 살았다고, 머리통을 한 대 쥐어박고 싶었다.

글쓰기가 말처럼 쉽지 않다.

'말과 달리 뭔가 좀 그럴듯해야 하고, 입에서 제멋대로 나오는 소리가 아닌 고상한 단어를 골라 써야 할 것 같다. 형식도 있어야 하고, 문법도 알아야 글을 쓰는 거 아닌가.'

언뜻 들으면 맞는 말 같지만 결코 그렇지 않다. 여기선 이 말을 지겹도록 되풀이해 '씹을' 것이다. 이 생각을 깨야 글쓰기는 골치 아프고 어려운 일이 아니란 걸 깨달을 수 있기 때문이다. 그래야 누구나 쉽게 글쓰기랑 친구가 될 수 있다.

몇 해 전에 전태일 어머니인 이소선의 구술기록 작업을 했다. 이소선도 내게 이런 말을 했다.

"너는 우찌 배왔다는 놈이 내가 멋대로 씨부렁거린 걸 사투리까지 고대로 옮겨 쓰냐. 니가 그러고도 작가냐. 내가 함부러 말해도 니가 고상하게 고쳐 써야지, 이걸 글이라고 썼냐. 요렇게 책으로 내면 나만 우사(창피)가 아니라 니도 우사 산다."

절대 자신의 목소리가, 심지어 사투리가 그대로 담긴 책은 펴낼 수 없다고 했다.

이소선만이 아니다. 많은 사람들이 글이라고 하면 뭔가 그럴듯한 무엇인가가 있을 거라고 생각한다.

나도 마찬가지였다. 글을 쓰려는 생각이 전혀 없었다. 아니, 글이라고 하면 몸에 두드러기가 돋았다.

어느 날 화장실에 앉아 똥을 누는데, 굵다. 그 굵은 줄기를 보며 굵어야 할 것은 똥발만이 아니라는 생각이 들었다. 허벅지도 굵어야 하고, 뚝심도 굵어야 하지 않는가? 그래서 "굵어야 할 것이 있다 / 가진 것 없는 몸뚱이 똥발이 굵어야 한다"라고 시부렁거렸다.

낙서처럼 화장실에서 재미로 쓴 '똥발' 이야기를 보여줬더니, 남들이 '시'라고 불렀다. 어처구니가 없었다. 그것도 모자라 이 낙서가 문학상을 받고, 시집으로 출판되니 황당했다. 남들이 나를 '시인'이라 부르기 시작했다. 얼떨결에 직업이 노동자에서 시인으로 바뀌었다.

이처럼 똥인지 시인지 모르고 지껄일 때는 승승장구했다. 문제는 그 뒤에 일어났다. 시집을 펴낸 뒤로 거의 세 해 동안 한 편의 시도 쓸 수가 없었다. 막상 시인이라고 불리니, 어깨에 힘이 들어갔다.

'시라면 문학이 아닌가! 이제 그냥 씨부리지 말고 작가답게 제대로 쓰자.'

시인으로서 시를 쓰려니 도저히 쓸 수가 없었다. 깊은 수렁에 빠졌다. 술에 힘껏 취해 시를 쓰려고도 했다. 시작법이라는 책을 사서 공부도 했다. 하지만 갖은 폼을 잡아도 〈굶어야 할 것이 있다〉와 같은 시가 나오지 않았다.

아마 계속 시를 쓰려고 지랄발광을 했다면, 지금쯤은 시인 소리를 듣지 못했을 거다. 그래서 맘을 바꿨다.

'뭐 있나, 그냥 내 멋대로 쓰자. 언젠 시가 뭔 줄 알고 썼나.'

아, 놀랍게도 그 뒤로 시가 써졌다.

내 멋대로 쓰기. 문법도 문체도 형식도 장르도 필요 없다.

'내가 쓰는 게 글이 되겠나?'

이 생각부터 버리자. 가슴속을 꽉 메우고 있는 이야기를 입에서 터져 나오는 대로 옮겨 적는 게 글이다. 내가 지금껏 알았던 글에 대한 고정관념을 머리에서 지워야 한다. 그래야 글을 쓸 수 있다.

누구한테나 자신만이 쓸 수 있는 이야기가 하나쯤 있다. 바로 나만이 할 수 있는 이야기를 친구에게 말하듯 적으면 글이다.

'나 아니면 누구도 쓸 수 없는 이야기가 내겐 있다.'

오직 이 생각만 지니고 그냥 나오는 대로 써라. 아무리 뛰어난 소설가라 할지라도 그 이야기를 당신만큼 잘 쓸 수는 없을 테니 걱정할 필요가 없다.

다음은 전태일 40주기 행사를 준비하며 만났던 청소년 '어쓰'가

〈우리교육〉에 쓴 글이다. 어쓰의 말투가 그대로 살아있다.

재작년 여름에 학교를 자퇴했다. 2008년 촛불집회가 한창이었던 그때, 청소년들의 사회참여가 어쩌고저쩌고 시끄러웠을 때도 집회 한번 안 나가고 착실하게 학교만 다녔는데, 그만 덜컥 학교를 그만두겠다고 말해버렸더랬다.

서울에 있는 모 사립 남자 고등학교를 다녔는데, 그곳은 꽤나 명문고라고 이름을 날리고 있던 학교였다. 그 '명문' 고등학교에 있곤 하는 소위 '인권 침해' 들이 당연한 것이라고 여기며, '인권은 대학 가서 누리는 거' 라고 생각하며 살 때도 있었더랬다.

그리고 지금, '활동' 이라는 걸 한다. '청소년 인권' 이라는 걸 말하면서. 바로 1년 전만 해도 상상도 못 할 삶을, 그렇게 살고 있다.

열일곱 살에 자퇴 선언(?)을 하고 이런저런 파란을 겪은 뒤, 겨우 부모님의 동의를 받고 자퇴서에 도장을 찍었다. 그러고 나서 약 반년 동안을 '아무것도 안 하고' 살았다. 오후 3시에 일어나서 새벽 6시에 잤다. 하루 종일 만화책만 본 날도 있고, 하루 종일 텔레비전만 본 날도 있다. 가끔씩은 친구들을 만나러 나가기도 했지만, 주로 집에서 전혀 나가지 않는 날들이 더 많았다. 하루하루가 노트북과 함께하는 나날이었다. 그렇게 살아도 행복했다. 아니, 그렇게 사는 게 행복했다. 하루 24시간이 온전히 모두 나에게 주어진 첫 경험을, 행복하게 즐기며 살았다. 가고 싶은 곳에 가보고, 해보고 싶은 걸 해봤다. 재밌을 것 같은 것만 찾아다녔다. 물론 그 24시간이 부담스럽기도 했지만, 어쨌든 그렇게 아무것도 하지 않는 라이프를 룰루랄라 즐겼더랬다.

그런데 그 '아무것도 하지 않는 것' 이 힘들어지는 건 그렇게까지 오래 걸리진 않았다. 모두가 좀 더 앞으로, 좀 더 위로 달려가고 올라가기를 강요받는 이 사회에서 아무것도 하지 않는 것은 곧잘 나태와 무기력으로 받아들여졌고, 언제나 지금 당장 '무엇이라도 할 것' 을 강요받았다. 멈춰 있는 것은 뒤처지는 것이라고, 그리고 뒤처지는 것은 패배자가 되는 것이라고 모두가 말했다. 뭐라도 하지 않는 나는 인생의 루저이자 이 사회의 쓰레기가 되는 것만 같았다. 학교를 자퇴한 걸 후회—심지어!—하기도 했다. (뒤 줄임)

—어쓰, "여긴 어디, 난 누구?", 〈우리교육〉 2010년 겨울호.

청소년 기자학교 강의가 끝날 즈음에 '대가리에 집 난다' 던 친구에게 어쓰의 글을 소개했다.

"이젠 종이에 네 멋대로 지껄일 수 있겠지?"

"뭐, 지도 한번 해볼까에."

머리를 긁적이며 씩 웃는다.

문을 닫고 나서는데, 녀석이 내 뒤통수에 대고 감자를 먹이는지 뒷골이 간질간질하다.

너 자신을 써라

 몇 해 전, 광주 하남공단에 취재 가서 한 노동자를 만났다. 화물 노동자로 살아가며 겪는 어려움을 쉼 없이 말한다.

 인터뷰를 마친 뒤, 노동자가 직접 글을 써야 한다고 이런저런 설레발을 늘어놓았다. 화물 노동자는 어이없다는 듯 나를 꼬나보더니 성을 낸다.

 "그랑께 뭐를 쓴다요?"

 이럴 줄 알았다. 그래서 낚싯바늘을 던졌다.

 "술 마시고 전봇대에서 오줌 싼 이야기라도 쓰면 되지."

 "뭐라고라? 오짐 싼 이야기라!"

 눈을 휘둥그레 뜨며 째려본다.

 "왜, 쪽팔려? 오줌 누며 살잖아."

 슬쩍 30대 여인이 길에서 오줌 눈 이야기를 내밀었다.

포장마차 건너편 교회에는 하나님 아버지를 찾으며 기도하느라 울부짖는 사람들이 있었고, 내 포장마차 안에도 하나님 아버지를 찾으며 우는 아줌마 하나가 있었습니다.

얼마 전까지 나도 그 교회를 다녔습니다. 길에서 포장마차를 하는 내가 그래도 같은 성도라며 교회에서 물을 떠 가게 하고 화장실을 쓸 수 있게 해주었습니다.

하지만 얼마 지나지 않아 교회 관리를 담당하는 권사님이 내 포장마차로 오더니 "송영애 성도님이 물을 떠 가고 화장실을 쓰시니까 다른 외부인들도 자꾸만 교회 화장실에 드나들고 화장실을 더럽히네요. 미안하지만 다른 데서 물을 쓰시고 화장실도 좀……"

참 친절하게 말씀해주시기에 그러마 했습니다. 그러마 하고 대답은 했지만 막상 물을 떠다 쓸 곳도, 화장실도 없었습니다. 갑작스러운 통보에 대책 없이 눈물이 나왔습니다. 불쌍한 내 꼴이 우스워서 눈물이 흘렀고 막막해서 눈물이 나왔습니다.

건너편에 있는 교회 십자가를 쳐다봤습니다. 마음속으로 가만히 물었습니다. '전지전능하신 하나님은 어째서 저 같은 사람은 굽어 살펴 주시지 않는 것인지요.'

비가 억수같이 내리는 어느 날 밤이었습니다. 물이야 집에서 낑낑대며 한 통 끌고 와서 괜찮았지만, 주책없이 오줌이 자꾸 마려왔습니다. 이젠 건너편 교회로는 가지 못하고 급한 마음에 포장마차 뒤에 있는 상가 건물로 우산도 쓰지 않고 뛰어갔습니다.

그곳엔 공동 화장실이 있는데, 문은 꼭 잠겨 있었습니다. 젖은 몸으로 다시 포장마차로 달려왔지만, 먹구름처럼 엄습해오는 생리현상을 어찌할 도리가 없었습니다. 밖을 살펴보니 비가 많이 내려서인지 지나가는 사람들이 없었습니다.

　　방법이 없었습니다. 아니, 방법이 하나 있었습니다. 잡동사니를 넣어두었던 바가지 하나를 꺼내어 포장마차 밑으로 내린 뒤 바지를 벗고 나는 오줌을 쌌습니다. 서른다섯 살 아줌마는 그렇게 길에서 오줌을 싸고 말았습니다.

　　길에서 장사를 하면서도 꿋꿋하게 지켰던 내 마지막 자존심을 버렸습니다. 건너편 교회에선 찬송가가 흘러나왔고, 내 눈에선 빗소리에 맞춰 서러움이 흘러내렸습니다. 비가 와서 오줌을 싸기 좋았고, 비가 와서 울기에 좋았습니다.

　　그 후론 내게 이상한 병이 하나 생겼습니다. 장사를 하며 날마다 볼 수밖에 없는 건너편 교회만 보면 기분이 우울해지고, 날마다 그렇게 살아가야 하는 내 삶이 고단하고 지겨워졌습니다. 날마다 그런 현상이 생겼고, 난 결국 마음의 병을 얻어 내 삶에 회의를 느끼고 포장마차를 그만두었습니다.

　　한 달을 아니, 두 달, 석 달을 폐인처럼 집에만 틀어박혀 있었고 사람들도 만나지 않았습니다. 그냥 사람들이 싫었습니다. 아무 죄 없는 하나님도 싫었습니다. 사람들은 내게 무슨 일이 있느냐고 자꾸 물었지만, 서른다섯 살 아줌마가 길에서 오줌을 쌌다고는 차마 말할 수 없는 일이었습니다.

내겐 3년이 흐른 지금도 생각만 하면 눈물이 나는 일이기에 그 누구에게도 말 못 하고 아직도 혼자만의 비밀로 간직하고 있는 굴욕적인 기억입니다. (뒤 줄임)

—송영애, "서른다섯 노점상 아줌마의 항의", 〈오마이뉴스〉 2007. 4. 11.

길거리에 주저앉아 오줌 눈 이야기가 가슴을 저리게 한다.

이처럼 쓸 이야기는 자신의 삶 구석구석에 있다. 다만 이런 이야기가 글이 될까 하는 두려움이 글쓰기를 가로막는다.

"운전이야 해봤지만 언제 글을 써봤당가요?"

화물 노동자는 오줌 눈 이야기를 읽더니 목소리가 차분해졌다.

"맨날 쓰잖아. 아까도 문자 보내더만. 스마트폰도 돈 좀 들인 것 같은데."

내 말에 머쓱해하며, 문자 하는 거랑 글이랑은 다른 거 아니냐고 묻는다.

휴대폰과 인터넷이 넘치는 시대다. 사람들은 문자메시지, 블로그, 댓글 등 끊임없이 뭔가를 쓰면서 산다. 그래야 미개인 소리를 듣지 않는다. 소셜 네트워킹이 어떻고, 트위터에 리트윗이 되었느니, 팔로워가 많니 적니 하며 떠든다. 사람 하나 바보 만드는 일이 순간이다. 눈만 멀뚱멀뚱 뜨고 있을 수 없는 노릇 아닌가. 이야기에 끼려면 멀쩡한 휴대폰 버리고 스마트폰으로 갈아타야 한다.

이처럼 시간과 돈을 투자해 쉼 없이 뭔가를 쓰면서 사는 세상이다. 그런데 글은 어렵다고 여긴다. 막상 쓰려고 해도 무엇을 쓸지 모른다.

"너 자신을 써라!"

내가 처음 글을 쓰는 사람에게 하는 말이다. 글이 써지지 않는다고 답답해하지 마라. 자신의 글에 만족을 느끼지 못해 미치지 마라. 자신의 삶을 솔직하게 적으면, 막혔던 글 보따리가 터진다. 쓸 이야기는 자신의 몸 안에 잔뜩 있다.

인터넷 이곳저곳에 떠도는 논객들의 글을 보면, 입이 짝 벌어질 정도로 날카롭고 멋지다. 하지만 뭔가 허전하다. 글은 짱인데, 마음을 울리지 못한다. 화려한 문장과 논리에 빠져 눈이 휘둥그레지지만 잠시다. 몇 꼭지 읽다 보면 싫증이 난다. 왜일까? 자신에 대한 성찰 없이 타인과 세상만을 꼬집기 때문이다. 자신의 삶이 글로 나오지 않고, 글이 글을 만들고 있다.

진정한 글은 자신의 가슴 깊숙한 곳에서 나온다. 그래야 나 아닌 다른 사람의 마음을 움직인다. 타인에 대해 쓰든 세상에 대해 말하든 자신의 삶을 바탕으로 하지 않은 글은 뜬구름에 불과하다. 먼저 나를 솔직하게 돌아봐야 한다. 나를 발견할 때, 진정 세상을 향해 내가 해야 할 말이 솟구친다.

왜 글을 쓸까? 이름을 날리려고? 남들에게 인정받으려고? 작가가 되려고? 돈을 벌고 싶어서? 아니다. 내 삶을 치유하고, 건강하게 살려고 글을 쓴다.

글을 쓰면 나도 모르게 가슴속에 응어리졌던 돌덩이가 스르르 녹아내린다. 고통과 절망을 쓰면 희망이 무엇인지 찾을 수 있다. 슬픔은 다독여주고 분노는 어디로 터져야 할지를 알려준다. 자살하려던 사람이 유서를 쓰다가 삶의 의지를 찾기도 한다.

글을 쓰기 시작하면 이 놀라운 힘에 빠져 쉽게 글쓰기를 그만둘 수가 없다. 그래서 글쓰기는 시작이 어려울 뿐이다. 맛을 들이면 이보다 행복한 시간이 없다.

다음은 한 고등학생의 글이다. 아픔이 덕지덕지할 것 같은데, 누구보다 건강한 생각을 하며 살고 있다.

학생 때린 게 자랑이냐

저는 아버지가 없는 '한부모 가정'에서 자랐어요. 제가 아홉 살 때 아버지한테서 도망쳐 우리끼리 살기 시작했으니까 올해로 정확히 10년째네요. 왜 도망쳤는지 짧게 얘기하자면 아빠의 의처증과 폭력 때문이었어요. 그래서 저는 폭력에 관해서는 무엇보다 예민해요.

근데 어느 날 눈앞을 깜깜하게 하는 말을 들었습니다. 수학 선생님의 말이었죠. "학생은 맞아야 성적이 잘 오른다. 특히 수학은 때리면서 가르치면 성적이 잘 오르더라. 요새는 학교에서 조금만 건드려도 잡혀가제? 그래서 이 학교가 옛날엔 수학 명문이었는데 지금은 꼴통이다 아이가." 여기까지만 듣는데도 듣기가 거북해서 인상을 쓰고 창밖을 보고 있었어요. 그때 수학 선생님의 카운터펀치! "내가 옛날에 애들 팔 많이 부쉈다. 니네 언나나 이모들한테 물어봐라. 내한테 맞고 성적 오른 애들 많다." 이 말까지 들어버리니까 카운터펀치를 맞은 것처럼, 의자에 앉아 있는데도 쓰러질 것 같더라고요.

때린 게 자랑은 아니잖아요. 부모와 자식 사이든 선생님과 학생 사이든 결국은 인간 대 인간으로서 폭력은 안 되잖아요. 선생님 말대로 혹시나 맞아서 성적이 오른다면, 그걸 과연 그 학생의 진정한 실력으로 봐야 할까요? 저는 때려서 교육한다는 것은 교육이 아니라 '사육'이라는 생각밖에 안 들어요. 한 인간이 상대방을 같은 인간으로 생각하는 이상, 때려서 어떤 걸 이뤄내겠다는 몰상식한 생각은 하지 못할 것 같거든요. 요새는 동물도 잘 안 때리는데 하물며 인간을 그런 식으로 다룬다면 그건 더 이상 교육이 아니라 사육이죠.

차가운 이성, 뜨거운 가슴

저는 이렇게 생각해요. 그 누구도 같은 인간을 심판하고 때릴 권한은 없다고요. 그리고 중요한 것은 대학 말고 다른 것에는 신경 못 쓰는 아이들이 폭력을 '찬양하는' 선생님의 발언을 들으면 어떤 생각이 들까요? 항상은 아니겠지만 가끔씩은 폭력이 좋을 때도 있다고 생각할 수 있지 않을까요? 학교에서부터 이렇게 배워온 애들이 사회에 나가서 어떻게 될까요? 한 가정의 어머니나 아버지가 됐을 때도 아이들을 말과 글이 아닌 폭력으로 사육하려 하면 그 가정은, 우리나라는 어떻게 될까요? 이런 생각만 하면 눈앞이 깜깜해져요.

　지난해에 졸업한 언니들이 왔어요. 이런저런 이야기들을 40분 정도 했지만 결론은 공부를 열심히 하라는 거였어요. 선배가 후배한테 해줄 이야기가 공부 열심히 하라는 것밖에 없나 싶었어요. 우리는 인간이지 컴퓨터가 아니잖아요. 머리에 공부를 주입하는 것도 중요하지만 무엇보다 가슴에 정의를 새겨주는 것이 가장 중요하다고 생각해요.

　신영복 선생님의 『처음처럼』이라는 책에 이런 말이 나와요. "cold head, warm heart." 차가운 이성과 따뜻한 가슴으로 살아야 한다는 뜻이지요. 하지만 학교는, 사회는 차가운 이성만 양산할 뿐, 따뜻한 가슴은 교육하지 않아요. 여기서부터 저는 학생들이 이기적이고 남의 고통에도 무뎌진다 생각해요. 아이들이 학교 폭력으로 사람을 죽이기도 하고, 중학생이 초등학생을 성폭행하기도 하는 것은 물론 그 아이들한테도 잘못이 있지만 더 잘못한 것은 우리나라 교육이라고 생각해요. 차가운 이성만이 우리나라에 도움이 될 것이란 생각으로 국가는 따뜻한 가슴은 도외시하지만, 길게 보면 결국은 따뜻한 가슴이 있어야 발전이 있고 정의롭고 균형 있는 사회를 만들 수 있거든요.

고3인 우리들한테 선생님들은 "일에도 순서가 있다. 공부해라" 하시지만, 학생이 되기 전에 인간이 돼야지요. 옛말에 책을 안 읽는 사람은 금수와도 같다고 했어요. 그런데 책도 읽지 마라, 잠도 자지 마라, 고3은 인간이기를 포기해야 한다고 하면서 공부만 하라는 게 저는 이해가 안 돼요. 저는 그 말이 성공하려면 인간이기를 포기해야 한다는 말처럼 들려요. 공부도 결국은 인간답게 살고 행복하게 살기 위해서 하는 것인데 그것은 말이 안 되잖아요. (뒤 줄임)

—강자영, "이야기 셋", 〈작은책〉 2010년 8월호.

한때 공장 생활이 힘들어, 내게 짜증이 난 적이 있었다. 그때 날마다 일기를 썼다. 그날그날 있었던 일을 쓰다가 가끔 과거의 일을 끄집어내기도 했다. 그렇게 1년이 지나고 나니, 내 스물과 서른이 고스란히 한 권의 공책에 담겼다. 처음에는 그저 하루하루를 기록하자 싶어 시작했는데, 나중에는 내 서른다섯 해의 삶이 파노라마처럼 엮였다. 글쓰기 카페를 만들어 한 꼭지씩 올리니 제법 독자도 생겼다. 그때 깨달았다. 내가 진정 바라는 것이 무엇인지, 앞으로 어떻게 살아야 할지를.

이 글들을 '참 고마운 삶'이라는 제목으로 전태일 문학상 생활글 부문에 응모했고 최우수상을 받았다. 돌이켜 생각하니, 상보다는 일기를 쓰던 그 시간이 너무나 즐거웠다.

'나'를 썼던 그 시절이 나를 '해피'한 인간으로 거듭나게 했다. 글을 쓰면서 나는 부자가 되었다. 물질로 채워질 수 없는 값진 보물을 내 삶에 쌓았다.

남 이야기는 잠시 미뤄두고, 우선 내 이야기부터 쓰자. 나를 쓰되 어렵게 시작하지 말자. 오늘 있었던 일이어도 좋다. 문득 떠오르는 옛 애인 이야기도 괜찮다. 뭐든지 떠오르는 대로 써라. 오늘부터 하루에 30분, 아니 단 3분이라도 나를 생각하는 시간을 가지며 종이에 적자. 퇴근길에 트위터나 페이스북을 통해 내 하루를 올려도 좋다.
뭐라도 써야 다음 이야기를 이어갈 것 아닌가.

꾸미지 말자

"조사하면 다 나와. 있는 그대로 써!"

수사관이 피의자에게 진술서를 쓰라고 할 때 하는 말이다. 나는 글쓰기를 배우는 이에게 이 말을 자주 한다. 있는 그대로 써야 글쓰기가 쉽기 때문이다.

글쓰기가 어려운 이유가 뭘까? 내가 행한 그대로, 생각한 그대로, 생긴 그대로, 곧 사실대로 쓰지 않아서다. 좀 더 멋지게 꾸미고 싶은 욕망이 생겨서다. 그래서 소크라테스니 뭐니 하는 성현들의 멋진 말을 살짝 끼워 넣는다.

'날씨가 덥다' 하면 될 것을, 글을 멋지게 꾸민답시고 찜통을 끌어들여 삶은 돼지의 살덩이에 비유한다. 그럴싸한 표현으로 잔뜩 꾸미고 홀로 기분이 좋아 들뜬다. 그때 누군가가 빈말로 "너 게시판에 올린 글 좋더라"나 "갈수록 필력이 세지네"라고 하면 기고만장해진다.

착각하지 마시라. 그 순간 당신의 글은 제초제 뿌려진 풀처럼 맥없이 말라갈 테니.

다음 글을 보자. 출산율이 낮아지는 한국 사회에 대해 나름의 경제지식을 동원해 논리를 갖추며 풀어가려고 했다. 주거비, 교육비 문제를 들며 정부의 올바른 정책을 촉구하는 글의 일부다. 일단 읽어보시라.

경제에 있어서 성장의 정도를 이끄는 것에는 다양한 요소가 있겠지만 경제학에서 나오는 소비(C), 투자(I), 정부예산(G)보다도 기본적인 가정을 하는 것은 인구가 일정한 상태를 유지한다는 것이다. 어쩌면 너무 필수적이고 당연한 조건이기 때문에 간과할 때도 있는 것이 사실이다.

최근 우리나라에서는 이러한 필수불가결한 조건이 불안정한 모습을 보이고 있다. 2009년 기준 한국의 출산율은 1.15명이다. 동방예의지국이라고 불리었던 한국이 사람에 대해서 혐오감이 생긴 것인가? 아이를 양육하는 것은 행복보다는 힘들고 귀찮고 고통스러운 일이기 때문에 출산율이 줄어든 것인가? 서구문명에 대한 개방화가 높은 한국이기 때문에 개인주의적인 성향을 가진 사람이 늘어난 것은 사실이겠지만 단지 그러한 이유 때문에 유럽의 출산율보다도 더 떨어진 작금의 상황을 설명하기에는 부족하다 하겠다. 문제는 경제성장에 있어 고정적 가정요소인 인구가 줄어듦에 따라서 결과적으로 경제에 악영향을 가져온다는 것이다.

쉽게 풀어갈 수 있는 주제였는데 어렵다. 소비, 투자, 정부예산을 들먹이는 순간, 글 읽기를 멈추는 사람도 있을 것이다. 출산율 통계자료를 밝힌 뒤, "동방예의지국이라고 불리었던 한국이 사람에 대해서 혐오감이 생긴 것인가?"라고 묻는다. '왜 동방예의지국이 나오고, 이게 혐오감과 무슨 상관이람?' 하며 머리를 쥐어뜯는 사람은 없었을까?

자신의 '유식'은 중요하지 않다. 자신이 알고 있는 내용을 얼마나 '알기 쉽게' 글로 옮기느냐가 문제다. 글이 실패하는 까닭은 잘 보여주려는 욕심 때문이다. 가끔 소설이랍시고 서점에 나온 책들 가운데 내가 사는 동네의 구멍가게 아주머니 이야기만도 못한 작품이 있다.

소설은 허구다. 그러나 허구도 현실에서 출발한다. 사람이 발 딛고 있는 땅에서 말이다. 현실을 바탕으로 하지 않고 꾸민 글은 독자들이 금방 안다. 거짓말을 할 때 눈빛이 흔들리고 손이 바들바들 떨리는 것처럼 말이다. 현실에 기초하지 않으면 문장이 흔들린다. 구성이 허술하고, 거짓이 눈에 훤히 드러난다. (거짓이 훤히 드러나면 소설이 아니다. 꾸몄지만 꾸미지 않은 것처럼 보이도록 써야 허구문학이다.)

물론 묘사도 할 줄 알아야 한다. 인용도 중요하다. 멋도 부릴 줄 알아야 한다. 때론 사실을 감추고 꾸밀 필요도 있다. 하지만 처음 글을 쓸 때는 솔직해야 한다. 첫 글로 자신의 삶을 쓰라고 하지 않았던가. 남의 눈을 의식해 자신의 삶을 꾸며서는 글쓰기가 행복이 아니라 고역이다.

이런 사람이 있다. '문학상 전문꾼.' 보수를 대표하는 문학상부터 진보를 말하는 문학상까지 휩쓴 사람. 장르를 가리지 않고, 상이 있는 곳을 찾아서 해마다 응모하는 사람. 근 10년을 그렇게 글을 써서 먹고사는 사람. 상을 주최하는 단체의 성격에 맞춰 글의 소재나 생각을 자유자재로 바꾸는 사람.

이 사람을 직접 만나 사연을 듣지 않았으니 비판하거나 비난할 마음은 없다. 하지만 난 이 사람을 '작가'나 '글쟁이'라고 부르지 않는다. 도박꾼처럼 '꾼'이라고 생각한다.

한번은 아는 후배가 정말 좋은 작품이 문학상에 응모되었다고 시를 한 편 들고 왔다. 잘 썼다. 하지만 맘에 들지 않는다. 흠잡을 데는 없지만 진심이 보이지 않는다. 꾸밈만이 눈에 들어온다. 감동이나 울림이 없다. '선수'의 작품이지 '작가'의 작품은 아니다.

그 작품을 두고 최종심에서 심사위원들끼리 의견 충돌이 있었다. 작품의 완성도는 뛰어난데, 확 당기지 않아서다. 결국 당선작이 되지 못했다. 작품의 완성도는 약간 모자라지만 읽는 사람의 마음을 쥐어흔든 작품이 당선작으로 뽑혔다. 완성도보다 더 중요한 '울림'에 점수를 준 듯하다.

심사결과가 발표된 뒤에 당선이 되지 못한 사람의 이름과 경력을 들었다. 역시 내가 생각한 '문학상 전문꾼'이었다. 주최측의 성격을 파악해 자신의 사상을 이리저리 바꾸는 '자유로운 영혼', 수상소감이 좌와 우를 넘나드는 폭넓은 정신의 소유자. 존경보다는 안타까움이 앞섰다.

문학상에 응모된 글을 심사할 때가 있다. 이야기가 재밌으면 맞춤법이 틀리고 문법이 엉성해도 읽을 만하다. 그런데 같잖게 멋을 부린 글은 읽히지가 않는다. 유행이라고 갖은 폼을 내며 옷을 입었지만 남들의 눈에는 영 볼썽사나운, 바로 그 꼬라지의 글이다. 솔직하게 쓰면 그만인데 괜히 꾸며 쓰니 어렵기만 하고 잘 써지지도 않고, 결국 글에 소질이 없다며 나자빠진다.

다음은 소설가 김별아가 쓴 "에세이 공모전 입선 비결"이라는 칼럼의 일부다.

(앞 줄임) 아마추어를 대상으로 한 에세이 공모전에서 형식보다 긴요한 입선 비결은 따로 있다. 작금년에 심사위원으로 참가한 국가인권위원회 주최 '인권 에세이 공모전'을 예로 들어보겠다. 예심에서 가장 먼저 걸러지는 작품은 '인권이란' 혹은 '인권의 정의는' 따위로 시작되는 글이다. 인권을 주제로 공모한 글에서 '인간으로서 당연히 가지는 기본적 권리'라는 사전적 정의는 동어반복에 사족일 뿐이다. 그건 낮말을 얻어들은 새나 밤말을 주워들은 쥐새끼도 나불댈 수 있는 말이다.

중요한 것은 인권이 과연 내 삶과 일상에서 어떤 의미를 지니고 어떻게 실현되고 있느냐 하는 것이다. 장애인, 여성, 이주노동자 등 차별받는 소수자에 대해 말할 때에도 그들의 인권을 '보호'한다는 명분하에 대상화시킨 글은 좋은 점수를 받기 어렵다. 타자의 고통에 공감하며 나의 문제를 깨닫는 것이 변화의 시작이다. 작더라도 직접 겪고 느낀 것, 나 자신으로부터 시작해 외부로 확장되는 '인권 감수성'이 절실하다. 즉 '용례는 내 눈길이 닿는 곳, 반경 50미터 안에서 찾으라'는 것이 에세이 공모전 입선 비결의 핵심이다.

선수의 눈에는 선수가 보인다. 경험하지도 않고 경험한 척, 생각조차 없는 주제에 대단히 고심한 척하는 꼼수에는 넘어갈 리 없다. '잘' 쓴 글보다는 '좋은' 글이 오랜 감동으로 남듯 진정성은 허울 좋은 형식으로 눈속임할 수 없는 것이다. (뒤 줄임)

—김별아, "에세이 공모전 입선 비결", 〈한겨레〉 2010. 11. 23.

아직도 수필상, 백일장, 문학상에서 글을 얼마나 잘 꾸몄는가에 점수를 주는 곳도 있다. 그곳에 혹 돈이 필요해 응모를 했다면 할 말이 없다. 제대로 된 일자리를 구하기 힘든 판국에 먹고살겠다고 나선 사람을 욕할 수는 없는 노릇이다.

그렇지만 이것만은 알아야 한다. 거짓으로 꾸미는 일에 맛을 들이면 글쓰기가 행복하지 못하고 고역이 된다. 내 주변에도 인생 망가진 사람이 여럿 있다. 골방에 처박혀 애꿎은 담배만 피워대다가 결국 몸도 망쳤다.

하지만 솔직한 글, 꾸밈없는 글을 쓰다가 인생이 활짝 핀 사람들도 많다. 그러다 돈벼락 맞은 사람도 알고 있다. 글도 글이지만 얼굴까지 환하게 피어난 사람, 그래서 글을 쓰며 행복에 겨운 사람도 있다.

거침없이 토해내라

글 쓰는 일이 힘든 까닭은 주저하기 때문이다. 시작할 때도 주저하지만 쓰면서도 주춤한다.

'이렇게 써야 맞나, 글에 이런 말을 옮겨도 될까, 좀 문학적인 표현은 없을까, 이렇게 쓰면 내 품위가 떨어지는 거 아니야, 고상하게 바꿔야 하는 거 아닐까……'

한 문장 한 문장 옮길 때마다 자신의 손을 붙잡는 게 너무 많다.

걱정하지 말고 써라. 자기 생각을 거침없이 써 내려갈 때, 글맛이 살아난다.

여기에 딱 맞는 글이 있다. 창원에서 공장에 다니는 노동자의 글이다. 한번 만난 적도 없는 이지만 글이 좋아, 홀로 짝사랑 중이다.

오늘도 학원을 제꼈다. 일주일에 세 번 가는 학원을 어제도 못 가

고 오늘도 못 갔다. 이제 겨우 화요일인데 월요일부터 몸이 천근만
근이다. 하기사 고등학교 때부터 공장을 댕겼으니 올해로 21년짼
데 몸이 여태껏 버티는 것만으로 다행이지 싶다.

나는 평발이다. 선천적인 결함(?)을 어쩌랴마는 내가 다니는 회
사는 하루 8시간을 꼬박 서서 일한다. 원래는 앉아서 하던 일을 10
년 전부터 서서 일하게끔 작업 환경을 바꾸었다. 서서 일하는 것이
앉아서 일하는 것보다 몸에 좋다는 명분을 내걸고 작업 현장은 순
식간에 바뀌었고 여태 서서 일하고 있다. 거의 손만 움직이는 일을
서서, 그것도 8시간을 꼬박 서 있으면 퇴근길에는 입에서 단내가
나고 정신이 멍하다. 평발은 더더욱 서 있기가 힘들지만 만삭인 임
산부도 서서 일하는데 평발이 무슨 대수라고.

10여 년을 서 있어도 다른 건 이골이 날 만도 하지만 서 있는 건
여전히 힘들고 되다. 아침부터 뻐근한 다리는 퇴근길에는 완전히
뻣뻣하고 묵직하니 뒤꿈치가 아리고 이건 내 살점이 아닌 것 같다.
통증이 특히 심한 날은 일하면서 내내 "니기미 씨벌~ 참말로 묵고
살기 힘드네" 이 말이 절로 나온다. 옆에서 일하는 미자한테 "에이
좆같은 세상! 맞제?" 이 말 한마디 하며 서로 씩 웃고 만다.

8시간 서 있기도 힘든데 무슨 학원이냐고?

회사가 구조조정을 시작한 지 3년째다. 한때는 4,000여 명이던
직원이 올해까지 세 번의 명퇴로 500여 명 정도 축소되었다. 그래
서 먼 훗날 밥벌이할 대안으로 내 적성에 맞는 학원을 다니고 있다.
말이 명퇴지 정리해고나 다름없다. 나같이 찍힌 년(?)은 항상 정리

대상이지만 아직까지 독하게 잘 버티고 있다.

서서 일하는 것도 징글징글하고 마음 기댈 벗들도 다 현장을 떠났는데 이번에도 계장과 과장의 협박에 더 오기가 생겨 독하게 버텼다. 가장 큰 이유는 딱히 지금 나가서 밥벌이할 마땅한 대안이 없으니까. 지금도 실업자들이 수두룩한데 나가서 어쩌라고. (나쁜 놈들! 담에 또 건드리면 캭 물어뜯끼다.) 그러나 그 대안이 생길 때 난 사직서를 쓸 수 있을까? 많이 망설여질 것 같다.

예전처럼 공장에서 한줄기 희망을 보겠다는 확실한 신념이 있는 건 더더욱 아니다. 너무나 지긋지긋하고 치 떨리는 공장이지만 내 청춘이 녹아 있고 평생을 함께할 벗들을 만나게 해준 곳이기도 하다.

그리고 굳이 명분을 붙이자면 요즘 대학을 나와도 정규직은 하늘의 별 따기보다 어려운 이 시대에 한 달에 80만 원도 안 되는 돈 때문에 단식투쟁을 하고 있는 비정규직을 볼 때면 차마 내 자리 박차고 나가는 것이 죄(?)짓는 듯한 기분이 든다.

또 70이 넘은 나이에도 열 손가락 마디마디 관절이 툭툭 불거진 손으로 농사를 짓는 엄마를 생각하면 내가 여기서 버텨야지 엄마한테 매달 10만 원씩 용돈이라도 드릴 수 있지. 그래서 오늘도 독하게 버팅기기를 한다.

우리 회사는 이른바 승급제(인센티브제)가 있다. 근데 기준이 코에 걸면 코걸이 귀에 걸면 귀걸이 식이다. 나같이 찍힌 사람은 승급을 잘 시켜주지 않는다. 18년 차인데 겨우 세금 떼고 110만 원 조금 넘으니까. 그나마 보너스가 있으니까 먹고산다. 그래도 비정규 직보다는 나으니까 하며 쓴웃음 지으며 위안을 삼는다.

수출 자유 지역에서 가장 큰 회사이고 흑자도 많이 났지만 IMF 이후 몇 차례의 임금 동결에다가 이젠 명퇴까지. 오늘도 김 계장은 말한다. 회사가 어렵고 생산성을 더 높여야 우리가 산다고. 그리고 우리 회사만큼 이리 괜찮은 작업 환경이 잘 없다고. 다른 데는 정말 힘들다고.

맞습니다, 맞고요. 앞에서 일하는 영숙 언니도 한마디 한다. 안 짤리고 계속 다닐 수만 있어도 좋겠다고. 그래, 언냐, 안 짤리는 것 만 해도 오데고! 맞다, 맞어. (영숙 언니는 어깨가 아파서 한의원에 다 니고 있다.) 18년 차에 110여만 원 월급에 하루에 8시간을 꼬박 서 있어도 안 짤리는 기 오데고. 그라고 내 친구 현성이처럼 일하다 손 가락이 짤릴 만큼 위험한 작업 환경은 아니니까. 다행이제.

하루 종일 몸에 밴 납 냄새에 두 다리는 퉁퉁 붓고 아프고, 뒤꿈 치는 아리고. 이제 화요일인데 아직 3일을 더 버텨야 되는데.

그래, 직장이 있는 것만으로 오데고. 그런데 니기미 씨벌~ 묵고 사는 기 와 이렇노!

— 박미경, "이 시대 정규직으로 산다는 것", 〈작은책〉 2010년 5월호.

주위에서 만나는 글은 대부분 고상하다. 글을 읽고 나서 난감할 때 도 있다. 어떤 의도에서 글을 썼는지 알기 위해 몇 번씩 되풀이해 읽 기도 한다. 그러다 보면 체증이 생긴 듯 가슴이 답답하다.

박미경의 글에는 '고상'이라는 단어는 눈곱을 떼고 찾아봐도 없다. 그야말로 거침없다. 욕도 사투리도 속마음도 거침없이 내뱉는다. 읽을 때 거치적거리는 곳이 없다. 재밌고 속이 후련하다. 쉽게 이해할 수 있고, 가슴에 찌릿한 감동도 오고, 세상에 던지는 메시지도 있다. 짧은 글 한 편에 글쓴이가 어떤 일을 하는지, 성격은 어떤지, 고민거리는 무엇인지가 고스란히 담겼다. 이처럼 주저하지 않고 거침없이 쓸 때 좋은 글이 나온다.

다음은 '따이루'라는 청소년이 쓴 글이다. 자신의 생각을 거침없이 썼다. 형식에 구애받지 않고 쏟아내는 말이 가슴을 뜨끔하게 한다.

3월 한 달에만 더 이상 이런 교육은 받고 싶지 않다면서 4명의 학생들이 자살을 했어. 언론에 뜬 것만 4명이니까 언론에 나오지 않은 가려진 죽음들은 더 많겠지. 사실 대한민국이라는 나라에서 공부가 힘들다고 자살하는 학생들 이야기는 일상처럼 되어버렸어. 그래서인지 3월 31일 이명박 대통령 각하의 진두지휘 아래 전국의 지역 · 학교 · 학생들을 대상으로 '기초학력진단평가'라는 뭔가 있어 보이는 샤방샤방한 이름의 일제고사가 사람이 죽었는데도, 학생들을 더욱 죽음으로 내몬다는 비판 속에서도 강행되었어. 난 아무리 이해하려 해도 이해가 안 돼.

이 글은 일제고사가 도대체 얼마나 잘난 정책이기에, 대단한 거기에 사람들이 죽어나는 걸 뻔히 보고도, 더 죽어난다는 비판도 씹고 밀어붙인 건지 건방지고 발칙하게 따지려는 글이야. 하찮은 일제고사와 이명박 대통령 각하를 까는 글인 거지. ㅋㅋㅋㅋㅋ 이명박 각하의 위대한 정책을 비판했다고 청와대 벙커로 끌려갈 수도 있겠지만, 뭐 위대한 명박이 각하께서 이런 글에 신경도 안 쓸 거라고 믿어. 사람들의 비판에 신경 쓰고, 고민하는 님이라면 정책을 이따구로 만들고, 추진할 수는 없을 테니까. 안 그래?

이 일제고사라는 게 2008년에 명박이 형이 각하가 되시면서 기존에 '국가수준학력평가'라고 몇몇 학교 학생들만 뽑아서 현재 대한민국 입시 성적이 얼마나 되는지, 어떻게 굴러가고 있는지를 체크해보던 걸 전체 학생으로 확대하고 지역별로 학교별로 실태를 파악해서 등수 매기시는 거잖아. 물론 노무현, 김대중 등등 이명박 정부 전에도 교육청이 주관하는 시·도 단위 '모의고사'라는 이름의 일제고사와 '수학능력시험'이라고 11월만 되면 사람들 미치게 만드는 일제고사가 죽 진행되어 왔어. 이명박 대통령 각하가 추진하는 일제고사하고 기존에 있던 일제고사 둘 다 학생들이 미치도록 경쟁을 조장하고 강요한다는 부분은 비슷해. 하지만 이명박 대통령 각하가 추진하는 일제고사의 파급력은 지금까지의 일제고사보다 더 강한 거 같아. 그래서 사람들이 더욱 반발하는 거겠지?

기존 일제고사는 고딩 분들 입시공부 좀 빡세게 시키려고 만든 '고딩 전용' 시험이었어. 하지만 뉴 일제고사는 고딩뿐만 아니라 초딩도, 중딩도 입시공부를 열심히 하도록 만든 야심찬 계획이라는 거지. 내가 보기에는 학생들이 차별이 싫다고 거리로 나오고 그러니까 학생들의 의견을 반영하셔서, 고딩만 너무 우대하는 거 같으니까 차별하지 않기 위해 야심차게 준비하신 거 같아. 그리고 두 달 정도에 한 번씩 학생들을 찾아가주시던 모의고사는 시 · 도 단위 정도만 등수가 나오니까 학생들이 받는 충격이나 두려움도 적고, 초딩하고 중딩들은 학교를 '뺑뺑이'로 간다고 하라는 공부는 안 하고 떵가떵가 노는 거 같고, 그래서 애들 공부하는 게 성에 차지 않았던 거지. 그래서 전국 등수로 충격을 줘서 열공할 수밖에 없도록 압박해주신 거 아닐까? (가운데 줄임)

우리를 미치게 만들고 힘들게 만드는 이 거대한 사기 쇼를 중단시키기 위해 우리의 행동이 필요하다고 생각해. 지금까지 많은 사람들이 서명 운동, 1인 시위, 촛불문화제, 체험 학습, 등교 거부, 민원 제기 등 다양한 방법으로 잘못된 교육정책을 바꾸고, 일제고사를 중단시키기 위해 많은 저항들을 해왔단 말이지. 근데 솔직히 나도 같이하긴 했지만 그닥 현실이 많이 바뀌지는 않았어. 그럼 그냥 그대로 입 다물고 끝? NO! 그건 아니라고 봐. ㅋㅋ 지금까지의 액션으로 안 된다면 더 큰 액션으로 이 거대한 사기 쇼에 저항해야 하지 않겠어? 우리가 행동하지 않는다면, 우리의 행동이 멈춘다면 우리를 힘들게 만드는 그분들만의 막장 교육은 끝나지 않을 거야. 어렵지만 가야 된다면 같이 가자고. 생각보다 우리는 힘이 있다고! 여성들도 흑인들도 노동자들도 이 사회에서 약자로서, 소수자로서 무시당해왔지만 힘을 모아 조금씩이라도 현실을 바꾸고 있잖아. 우리한테 돈도 힘도 무기도 아무것도 없는 것처럼 보여도 우리가 같이 한다면 충분히 바꿔낼 수 있지 않겠어? 막장 교육 막기 위해 함께 가보자구. ㄱㄱ씽!

　—따이루, "발칙한 일제고사", 〈삶이 보이는 창〉 68호(2009년 5, 6월호).

어떤 명문도 거침없이 쓴 글을 따라오지 못한다. '거침없다'는 솔직하다는 말이다. 솔직해야 독자의 가슴을 울릴 수 있다. 감동은 기교가 아닌 솔직함에서 비롯한다.

말이 글이다

한 친구가 소주잔을 건네며 하소연한다. 글로 쓸 이야기는 머릿속에 가득한데, 컴퓨터 앞에만 앉으면 손가락이 굳어 꼼짝하지 않는단다. 그래서 말했다.

"손으로 쓰려니까 그렇지."

내 말에 친구는 소주잔을 탁자에 세게 내려놓으며 따졌다.

"그럼 발가락으로 쓸까!"

친구에게 술을 한잔 건네며 속삭였다.

"입으로 써봐."

글은 말에서 나왔다.

노래로 흥얼거리던 노랫말이 문자로 따로 떨어져 나와 시가 되었다. 이게 문학의 출발이다. 할머니가 손자에게 군밤을 구워주며 들려주던 이야기를 문자로 옮긴 게 소설이지 않은가. 말을 문자로 바꾼 게 문학이다. 이걸 시, 소설, 수필, 희곡, 기행문과 같은 갈래로 나눴다. 그래서 말을 떠나서는 문학을 알 수 없다.

　인류는 문자를 써온 시간보다 말로 소통하며 살아온 역사가 더 길다. 사람이 태어나 처음 익힌 소통 수단이 말이다. 말이 몸에 익은 뒤에 문자를 배운다. 말보다 늦게 배운 문자를 쓰자니 힘겹다. 말이 아닌 글로 젖을 달라, 기저귀를 갈아 달라고 했다면 어땠을까? 지금처럼 글쓰기가 두렵지 않았을 것이다. (글을 몸으로 익혀야 하는데, 책으로 배우려고 하니 어렵다. 문법으로 배우는 외국어가 어려운 것과 마찬가지다. 이 책에선 '책으로 배우는' 글이 아닌 '몸으로 익히는' 글쓰기를 말한다. 이 책을 읽을 땐, 배우려 하지 말고 몸에 익을 때까지 느끼기 바란다.)

　생각이 말로 나올 때는 자연스럽다. 생각과 말이 구분되거나 시차를 두고 나온다고 여기지 않는다. 그래서 '생각 좀 하고 말하라'고도 한다. 하지만 생각이 글이 되려면 시간차를 두고 이루어진다고 여긴다. 여러 법칙이 필요하다고 여긴다. 그래서 '고상한 문법'이나 '특별한 지식'이 필요하다고 생각한다.

　웃기지 마라. 그 법칙과 시간 사이엔 '고상한 무엇'이 아닌 '말'이 있을 뿐이다.

　삶(생각) → 말 → 글

　이리 가야 맞다. 그런데 '말'이란 소통 수단을 빼고 글을 쓰니 머리가 아플 수밖에.

　어법과 문법은 다르지 않다. 아니, 다르지 않아야 옳다. 하지만 한자를 숭배하던 선비들이 누구나 쉽게 쓸 수 있는 글을 말과 구분시켰다. 말과 문자가 따로국밥이 된 셈이다. 생각한 대로 말하듯, 말한 대로 쓰면 글이다. 그런데 우리 어법과 다른 '딴 나라 글'을 가져와 말과 글 사이에 두툼한 성을 쌓았다. 양반이 아닌 이는 함부로 글을 배우지 못하게 한 시절도 있었다. 이 흐름이 알게 모르게 오늘날까지도 이어지고 있다.

많이 배워 학위를 덕지덕지 달고 있는 이들은 우리말을 일본, 중국, 미국의 말투나 글투로 고쳐 책을 쓴다. 아니, 글을 쓴 게 아니라 번역을 한 꼴이다. 한글로 썼는데, 딴 나라 문장이라는 말이다. 그 책을 읽으며 지식을 깨우치니 당연히 글이란 어렵다, 뭔가 고상 야릇한 게 있다고 여긴다.

한글은 소리 나는 대로 쓸 수 있게 만든 문자다. 입에서 나오는 말을 옮기면 문장이다. 외래어 '투'를 기웃하지 않으면 이보다 글쓰기가 쉬운 문자가 없다. 이제 말과 동떨어져 존재하는 글은 조선 시대 유생들이나 쓰라고 하자. 말하듯 글을 써서 우리말과 우리글의 제자리를 찾아야 한다. 그 시작이 입으로 글쓰기다.

입으로 쓴 글 한 편을 소개한다. 내가 쓴 책에서 옮겼다.

나한테도 성모병원에서 별난 소리 다 했어. 나 그 소리 지금 하고 나면 이 속에 가라앉았던 거 뒤집어놔서 사흘 동안은 이길 수가 없어.

"내가 3도만 되어도 죽는데……. 엄마, 나는 빨리 죽으려고 이렇게 스펀지를 이 속에다 넣어서 불을 붙였어. 이런 모양을 엄마에게 보여주지 않고 많은 사람들한테 내 추한 모양을 안 보이려고 그랬어."

내가 보니까 태일이 말대로 몸이 돼지 살 모양으로 다 익어버렸어.

"내 3분 있다가 죽을지 10분 있다가 죽을지 모르니까, 다른 약을 구한다 어쩐다, 뭐 주사 놔달라고 말하지 말고, 내가 말하는 것 잘 듣고, 엄마 꼭 들어주세요." 애원하더라고.

우리 엄마는 그렇게 할 거라고. 내가 부탁하는 걸 안 하면 나는 이다음에 천국에 온 영혼도 안 만날 거라고. 엄마는 할 거라고, "한다고 대답 좀 하세요." 막 소리쳤어. 약속해달라고.

그라고 이런저런 여러 가지 말을 너무 많이 했어.

"학생들하고 노동자들하고 합해서 싸워야지 따로따로 하면 절대로 안 돼요. 캄캄한 암흑 속에서 연약한 시다들이 배가 고픈데, 이 암흑 속에서 일을 시키는데, 이 사람들은 좀 더 가면 전부 결핵 환자가 되고, 눈도 병신 되고 육신도 제대로 살아남지 못하게 돼요. 이걸 보다가 나는 못 견뎌서, 해보려고 해도 안 되어서 내가 죽는 거예요. 내가 죽으면 좁쌀만 한 구멍이라도 캄캄한데 뚫리면, 그걸 보고 학생하고 노동자하고 같이 끝까지 싸워서 구멍을 조금씩 넓혀서 그 연약한 노동자들이 자기 할 일을, 자기 권리를 찾을 수 있는 길을 엄마가 만들어야 해요."

엄마가 안 하면 그걸로 끝난다고.

"내 죽음을 헛되이 말라." 그런 말도 하고 그때 뭐 별말 다 했지.

"어떤 물질이나 어떤 유혹에도 타협하지 마세요. 내 부탁한 거 꼭 들어주시겠죠?"

참말로 기가 차는데 내가 무슨 말을 하겠어. 듣고만 있었지.

"왜 엄마는 내가 말하는데 대답하지 않아요? 우리 엄만데 왜 대답하지 않느냐고요? 내가 죽으면, 헛되게 죽으면 안 되잖아요. 엄마가 제발 내 말 들어주세요." 막 따지는 거야.

"목사들은 이웃을 사랑한다 하면서도 사랑하지 않아요. 말로만 했지 실천은 안 한다고요. 그런 예수는 믿지 마세요. 가난한 사람을 사랑하는 예수를 믿으세요."

지도 예수를 믿었는데 그런 말을 했어.

태일이가 말을 하는데 여기 가슴에서 막 부글부글 끓는 소리가 나는 거라. 다 이렇게 붕대 묶어놨는데 부글부글 끓는 거라.

"엄마, 엄마, 내가 부탁하는 거 꼭 들어주겠다고 크게 한번 대답해줘."

크게 한번 대답해줘, 그렇게 말하는데 여기가 계속 막 끓더라고.

"그래. 아무 걱정 마라. 내 몸이 가루가 되어도 니가 원하는 거 끝까지 할 거다."

내가 미치겠는데…… 겨우 소리를 내어 말했지. 그러니까, "잘 안 들려요. 크게, 크게!"

"내 몸이 가루가 되어도 니가 원하는 거 끝까지 할 거다!" 내가 큰 소리로 대답해줬지.

그러니까 막 끓는 것이 여기 목까지 차올라서 펄떡거리면서 숨을 못 쉬는 거야. 그러니 의사가 와서 목에 칭칭 감은 붕대를 칼로 탁 따니까,

"엄마 꼭 크게, 나 잊어버리고 부탁하고 가게. 크게, 크게 대답해 주세요."

그라는 거라. 그리고 피가 퍽 쏟아지고, 크게 대답하라 소리치면 피가 퍽 쏟아지고, 크게 대답하라 그라면 또 피가 퍽 쏟아지고⋯⋯. 그라다 한참 정신을 차리지 못하고 쓰러져 있다가 태일이가 눈을 뜨며 마지막으로 뭐라 한지 아냐?

"엄마, 배가 고프다⋯⋯."

— 오도엽, 『지겹도록 고마운 사람들아』, 후마니타스, 2008.

이소선의 목소리를 옮겼다. 어떤가? 초등학교도 다니지 못한 여든 된 할머니의 말이 한 편의 글이지 않은가.

글, 별난 거 아니다. 말이 글이다.

삶에 집중하라

안도현 시인의 〈너에게 묻는다〉라는 시다.

> 연탄재 함부로 발로 차지 마라
> 너는
> 누구에게 한 번이라도 뜨거운 사람이었느냐

이 짧은 시가 내 가슴에 오래도록 남는다. 자신의 생각에 연탄재 몇백 장, 아니 몇천 장을 쟁인다고 이런 시가 나오진 않는다. 골방에 갇혀서는 이런 시를 쓸 수 없다.

많이 읽고, 많이 생각하고, 많이 써라. 예로부터 내려오는 글쓰기 비법이다. '다독, 다사, 다작'이라 하여 '삼다'라고 부른다. 나도 이보다 좋은 방법은 없다고 생각한다.

나는 글이든 욕이든 먼저 쓰라고 말한다. 많이 읽고, 많이 생각한다고 저절로 글이 써지지 않는다. 하지만 글쓰기에 맛을 들이면 스스로 책을 찾아 읽고, 자연히 생각도 깊어진다.

글을 쓰려고 애쓸 필요도 없다. 글을 쓰지 않아도 건강하게 산다. 노동을 하며 사람과 어울리는 게 세상살이다. 그러면 일하다 억울한 일이 생겨 세상에 알리고 싶을 때가 있을 거다. 사람에게 상처를 받아 하소연할 곳이 없으면 답답해 일기를 쓴다. 사랑에 빠지면 글 한 번 쓰지 않던 이도 연애편지 쓸 생각을 한다. 이처럼 글은 책상 위에서 나오는 게 아니다. 바로 삶과 노동에서 나온다.

글쓰기가 어려운 게 아니다. 쓸 거리가 없어 어려운 법이다. 이때 경험보다 좋은 글쓰기 스승은 없다. 몸에 새겨진 이야기는 머리를 굴려 쓴 글보다 값지다. 몸에 글거리가 생기면 저절로 글이 써진다. 난 '삼다'에 '다노(많이 일하기)'를 추가한다. 이걸 뺀 채 글공부를 하니 말짱 도루묵이다.

책을 많이 읽은 사람이 오히려 글 쓰는 일을 두려워하는 경우가 많다. 자신이 보았던 글에 주눅이 들어서다. 글은 이래야 한다는 고정관념이 글쓰기를 가로막는다.

이럴 때 처방법이 있다. 당분간 책을 멀리하면 된다. 자신이 알고 있는 글에 대한 지식에서 벗어나야 한다. 잠시 책을 덮고 일을 하자. 여행을 떠나 사람을 만나도 좋다. 아니면 농사를 지으며 자연과 소통을 하든지.

소설책을 많이 읽다 보면, 자신의 글이 소설을 닮는다. 시집을

100권 정도 읽은 뒤에는 저절로 시처럼 글을 쓴다. 자신도 모르게 읽은 글을 흉내 낸다. 문장만 스며드는 게 아니다. 생각도 들어온다. 자신의 삶을 쓰지 못하고, 그럴듯한 타인의 삶을 베낀다. 첫 글로 자신의 삶을 쓸 때는, 남의 글을 힐긋힐긋 기웃거릴 필요가 없다. 먼저 자신에게 솔직해지고, 자신의 목소리를 옮기는 데 충실하면 된다.

이 글을 한번 보시라. 제7회 전태일 문학상 글쓰기 부문 우수상을 받은 작품이다.

초등학교 2학년 때인가, 이웃집 아이하고 싸워서 얻어맞고 들어왔을 때, 엄마는 나를 발가벗겨 놓고 방망이로 나를 두들겨 팼다. 매질이 너무 굉장하니까 주위 사람들이 몰려왔다. 나는 발가벗겨진 채 안집에서 이불을 뒤집어쓰고 숨어 있었고, 엄마가 그 집에 못 들어오도록 사람들이 겹겹이 막았다. 엄마는 땅바닥에서 돌멩이를 집어 들어 찍으면서 영숙이 내놓으라고 소리치셨다. 그날 위기를 겨우 넘기고, 다음 날 엄마는 엄마가 돌멩이로 찍었을 때 호순이 엄마가 두 번 다 맞아 손에 상처가 났다면서 특유의 순진한 웃음을 지으며 기뻐하셨다. 호순이는 나와 싸운 아이고, 아마 호순 엄마가 내게 아비 없는 자식이라고 욕을 해대서 그 화풀이로 엄마는 날 두들겨 팬 것이다.

엄마는 참 과격했다. 어느 날은 나를 산으로 데리고 가서 나무에 묶어놓고 패기도 했다. 엄마가 매를 놓은 것은 내가 공장 다니고부터니까 열세 살 때부터다. 그때부터는 한 번도 날 때린 적이 없다. 그렇게 무섭고 또 굉장히 정이 많은 엄마를 나는 이해하지 못했고, 엄마의 실패한 인생을 나는 결코 되밟아가지 않겠다는 게 어린 내 신념이 되었다.

힘이 세서 누구한테나 기죽지 않고 사셨다던 엄마는 누가 병신이라고 놀리면 그 집 방구석까지 찾아가 때려주었다고 한다. 엄마는 병신이라는 말을 싫어했다. 그리고 두려워했다. 그리고 하도 맞아서 무서워 도망가려고 했지만 굶어 죽을까 봐 도망가지 못했다는 얘기도 꼭 빼놓지 않았다.

스물여섯 살 어느 날은 너무도 맞아서 더 이상 맞아 죽을 걱정하지 않고 살고 싶은 단순한 욕망으로 부산으로 도망갔다. 부산에서 식모살이하면서 우직하게 일만 하던 엄마는 중매로 결혼했다. 잠시는 행복했을까? 첫째 낳아 죽고 둘째 셋째 운이 아니었는지 고만한 수명이었는지 낳는 아기들이 참 잘도 죽었다. 그리고 오빠를 가졌고 오빠를 갖자마자 이번엔 남편이 죽었다. 어찌 기구한 팔자라고 아니 하겠는가.

나와 오빠는 아빠가 다르고 또 언젠가 작은 오빠라는 사람이 우리 집에 와서 살았는데 유복자인 큰오빠가 가출하는 바람에 다시 쫓겨갔으니까 내가 들은 아빠만도 셋이고, 내가 열다섯 살 때인가 엄마는 한 번 더 재혼하셨는데 그 아저씨가 노름꾼이어서 석 달 만에 집에서 내쫓았다. (가운데 줄임)

엄마는 오빠가 빚을 지고 나갔기 때문에 내가 중학교에 갈 수 없을 뿐더러 기술 없이는 늙어 죽을 때까지 고생하니까 미용이든 양장이든 한 가지 기술을 배우러 공장에 가라고 하셨다. 엄마가 기술이 없어서 평생 막노동판에 다니는 게 한이 되셨던 모양이다.

나는 방학 때부터 명동에 있는 의상실에 다니게 되었다. 그 화려한 명동에서 더럽고 후진 골목에 들어서니 내가 일할 공장이 있었다. 미싱사와 재단사 그리고 윗제자, 아랫제자, 중간제자, 꼬마인 나 이렇게 여섯 명이 10평 남짓한 공장에서 일을 했다. 난 꼬마로 취직되었다. 시다도 아니고 제자도 아니고 영숙이도 아닌 그냥 꼬마라고 불렸다. 무슨 구두닦이 소녀처럼.

아침 10시에 시작해서 밤 10시에 끝났지만, 난 꼬마이기 때문에 9시에 가서 옆 건물에 있는 문을 열고 청소를 하고 다시 6층까지 뛰어 올라가 일을 했다. 의상실 주인이 인터폰을 하면 난 나보다 더 큰 옷을 들고 가봉하라고 갖다 주고 또 가져오고 하루에도 몇 번씩 오르락내리락했다. 별 기술 없이 심부름하는 게 꼬마인가 보다.

—박영숙, "운명이 아무리 괴롭힐지라도",
『굶어야 할 것이 있다』, 보리, 1997.

글쓴이의 어머니는 언청이였다. 그래서 평생 구박만 받고 살았다. 글쓴이가 자신의 삶을 담는 데 충실하기보다 다른 글을 흉내 내려 했다면 어땠을까? 아마 어머니의 삶을 변명하려고 글 구석구석에 군더더기를 더했을 거다. 아니면, '그래도 행복했다' 식으로 꾸미려고 했든지. 그 순간 독자는 삼류소설을 읽는 느낌이 들었을 것이다.

우리말 살리기 운동을 한 이오덕 선생은 "심사위원 모두가 감동을 크게 받았다. 집안 식구들의 어려운 관계, 가난과 병과 싸우면서 살아온 이야기가 읽는 사람의 가슴에 깊이 파고든다"며 윗글을 우수작으로 선정했다. 자신이 겪은 삶을 자신의 목소리로 솔직하게 글로 옮겼기에 심사위원들을 감동시킬 수 있었다.

글쓴이는 당시 호텔에서 주방보조로 일했다. 퇴근해 자취방에 들어가면, 한 땀 한 땀 수를 놓듯 자신의 삶을 기록했다.

불행히도 박영숙은 마흔셋의 나이에 죽었다. 그가 살아있을 때, '어서 좋은 책 한 권 쓰라'고 채근했다. 너의 삶이 이 세상 어떤 삶보다 가치가 있다고 협박(?)했다. 하지만 그는 치료하기 힘든 큰 병을 앓고 있었다. 마흔의 나이에 이미 여든의 얼굴이 되었다. 글 한 줄 쓰기 힘들 정도였다.

죽기 1년 전, 박영숙은 아픈 몸으로 어느 출판사에서 마련한 '여성 글쓰기 교실'에 나왔다. 그곳에서 굳어가는 손마디로 짧은 글을 썼다. 박영숙은 자신이 쓴 글을 발표하다 눈물을 쏟았다. 수강생들도 울었다. 나도 울었다.

글쓴이를 이제는 만날 수 없어 허락을 받지 않고, 박영숙의 마지막 글을 옮긴다.

우리 회사 사장님은 나를 미스 박이라고 부른다. 내가 처음 이 회사를 들어올 땐 30대였고 지금은 40대라 그런지 더더욱 그 호칭이 듣기 싫다.

처음 이 회사에 취직한 것은 2003년 10월이다.

1년간 혈액 투석, 10년간 복막 투석을 하다가 그해 2월에 뇌사자 연락을 받아 신장이식을 했다. 그래서 회사를 구하는 조건은 무거운 것을 들어서도 안 되고 더러운 곳, 먼지가 많은 곳, 사람이 많은 곳도 감염 위험이 있어 안 됐다.

이곳은 집과 거리도 가깝고, 사무직이라 앉아서 일하고, 대부분 사장님과 단둘이 일한다는 것이 내게 너무도 좋은 조건이었다. 하지만 사장님의 권위적인 말투와 행동. 마치 옛날에 공장 다닐 때의 무서운 사장처럼 소리도 잘 지르고 한 글자라도 잘못 타이핑하면 틀렸다고 무안을 주며 타박하는 그런 사장이 너무나 못마땅했다. 사장님은 또 너무나 절약 정신이 강해 화장실 물 내릴 때도 바가지에 수돗물을 한 방울씩 받아 붓는다. 회식도 없고, 야근을 하거나 휴일에 근무를 해도 밥 한 끼 사준 적이 없지만, 퇴근하고 할 일도 많은 나는 오히려 다행이다, 라고 생각을 바꾸려고 애썼다. 하지만 그 '미스 박'이란 호칭은 정말 참을 수 없을 만큼 싫다.

그러나 내 의지와 상관없이 사장은 오늘도 "미스 박, 우체국 갔다 와", "미스 박, 시디 열어" 하며 큰 소리로 이야기한다. 말투도 정말. 권위의식으로 똘똘 뭉쳐 있다. 몇 달 전까지 미스 박도 모자라서 "야, 야" 해댔는데, 내가 나이도 먹을 만큼 먹었고 '야'는 좀 심하지 않으냐고 강력하게 항의한 뒤엔 그나마 "야" 소린 안 한다.

이런 사장님 밑에서 6년째 일하고 있다.

맨날 적자 난다, 회사 문 닫는다, 듣기 싫은 소리 참아가며. 둘이 일하는 건 유쾌하진 않지만 6년이란 세월만큼 적응도 해서, 회사가 문 닫지 않고 오랫동안 일하기를 희망한다. 이제 불혹의 나이라 갈 곳도 없고, 대신에 미스 박이란 호칭 대신 '박영숙'이라는 좋은 내 이름으로 불리고 싶다. 그러기 위해 또 얼마나 사장님과 다퉈야 하는지. 힘들어도 끊임없이 요구할 것이다.

"돈 드는 것도 아닌데 박영숙이라고 불러주세요" 하면서 말이다.

—박영숙, "미스 박이라고 불릴 때", 2008. 10.

박영숙은 자신의 삶을 고스란히 글로 남기고 싶어 했다. 하지만 몸이 따라주지 않았다. 2009년 추석 연휴가 시작되는 날, 그는 강남성모병원 영안실에서 영정사진으로 나를 맞았다.

친해지는 게 먼저다

청소년 기자학교 둘째 날이었다. 읽고 생각하기에 앞서 글을 쓰라고 했더니 머리를 하얗게 탈색한 청소년이 따진다.

"되도 않는 글 자꾸 쓰면 뭐합니까?"

슬쩍 수강생 명부를 봤더니 열여덟 살이다. 대입 검정고시를 준비하는 친구다. 기자학교 담당자가 비고란에 적어둔 글이 눈에 띈다. '정치에 관심이 많음. 기자가 꿈.' 잘못 이야기했다가는 야무지게 당하게 생겼다. 체면 구기는 일이 생길지 모르니 살짝 꼬리를 내리며 말했다.

"맞다. 되도 않는 글은 자꾸 쓰면 안 된다."

글을 자꾸 쓴다고 '잘' 써지지 않는다. 공차기도 그렇다. 공만 냅다 발로 찬다고 잘 차는 게 아니다. 모든 일에는 기술이 필요하다. 하지만 기술이나 기능보다 앞서는 게 있다. 마음이다. 공을 차려는 마음, 글을 쓰려는 마음. 자신의 생각을 글로 표현하려는 마음이 없으면 어떤 글쓰기 방법도 소용없다.

 다음은 청소년 기자학교에서 만난 한 중학생의 글이다. 생각나는 대로 적었는데, 한 편의 글이 되었다.

　　초등학교 때는 정말로 아무 생각 없이, 어쩌면 '재미가 있어서' 공부를 했었다. 그런데 중학교에 올라오면서 왠지 모르게 '억울하다'는 생각이 들었다.
　　공부를 혐오할 정도로 싫어하는 것도 아니고, 그렇다고 공부가 하고 싶어서 미칠 정도로 좋은 것도 아니었다. 다른 애들이 그렇듯 좋아하는 과목은 좋아하고, 좋지도 않고 싫지도 않은 과목은 그저 그렇고, 잘 안 풀리는 과목은 싫어하는 편이었다.
　　중학교 2학년에 올라오면서, 이것저것 공부를 하면서 뭔가 '억울하다'는 생각이 들었다.
　　한번은 아빠한테 '공부를 왜 하는지 모르겠다'라고 한 적이 있다. 모르는 이유를 대표적으로 하나 꼽으라 한다면, 공부라는 게 실생활에 도움이 되느냐다.
　　예를 하나 들자면 수학을 말하겠다. (수학에 악감정이 있는 게 아니다.) '내가 지금 왜 이 문제를 풀고 있느냐'였다.
　　과연 이 연립방정식이 실생활에 도움이 될까, 라는 의문이 든다. 세상에 과연 돼지와 닭을 두고 돼지를 x로 잡고 닭을 y로 잡은 다음 다리 개수와 전체 수를 이용하여 식을 세운 다음 돼지나 닭의 마릿수를 세려는 사람이 있을까?

어떤 선생님이나 부모님도 연립방정식을 배워서 나중에 어떠어떠한 것에 도움이 될 것이라는 말은 해준 적이 없다.

무엇을 가르쳐줄 때 내가 원하는 방식은 '이거 시험에 나온다' 방식이 아니라 '이거 나중에 어떠어떠한 것에 필요할 거다' 방식이다.

무조건적인 암기나 문제집만 푸는 공부가 아닌 '왜' 해야 하는지 알 수 있는 공부를 원한다.

—이다인, 제목 없음, 2010.

고등학교 시절 공부를 열심히 하던 친구가 있었다. 쉬엄쉬엄 하라고 하면 자신은 공부하는 게 재미있다던 별난 친구였다. 쉬는 시간에도 책을 붙들고 있었다. 그런데 이를 어쩌나? 친구의 시험 점수는 좀체 오르지 않았다.

입시 날짜가 다가왔다. '열심히'에 매달리던 친구도 고민이 이만저만 아니었다. 하지만 친구는 좌절하지 않았다. '열심'으로 돌파하겠다는 의지를 불태웠다. 더욱 많은 시간을 문제집과 씨름했다. 하지만 '열심'의 결과는 처참했다. 대입 학력고사가 끝난 뒤에는 '열심'으로 극복할 수 없는 자신의 아이큐를 탓했다. 나는 이 친구가 공부를 멈출 거라고는 생각하지 않았다.

"넌 공부를 좋아하잖아! 내년에는 꼭 합격할 거야."

졸업식장에서 위로 아닌 위로를 했다.

이 친구를 15년 남짓 지나서 만났다. 내가 창원의 한 대공장에서 하청 노동자로 일할 때다. 친구는 그 공장의 기술부 과장이었는데, 조선업에 관련된 자격증을 줄줄이 꿰차고 있었다. 친구는 내게 시험만큼 쉬운 것이 없다고 자랑했다. 비결을 물었더니, 재수할 때 동네 도서관에서 공부 비법을 전수해준 사부를 만났단다.

"비법이 뭐야?"

귀가 솔깃해 물었다. 비법은 이미 내가 알고 있는 것이었다. 아주 평범한 비법이 친구를 '시험의 달인'으로 만들었다.

친구의 성공은 '공부의 신'을 만나서도, '비법'을 전수받아서도 아니다. 친구는 공부를 하고 싶어 했다. 좋아하지 않았다면 어떤 고수의 비법도 무용지물이었을 것이다.

글도 마찬가지다. 글과 친해지고 글을 써야겠다는 마음이 들어야 한다. 그전에 어떤 비법을 전수한들 소용없다.

앞서 소개한 박영숙의 이야기를 들어보자.

"사실 나는 초등학교 때 집이 가난해서 책하고 거리가 멀어 위인전 한 권도 제대로 읽지 못했다. 그리고 중·고등학교 땐 산업체 특별학교에 다니다 보니 일하랴 공부하랴 한눈팔 새가 없어서 체계를 잡아서 책을 읽어본 적이 없어, 특별히 내가 글을 쓸 수 있다고 생각해보지 못했다. 그래선지 내가 생각하기에 나도 모르게 작가란 특별한 사람, 어릴 때부터 남다른 데가 있고 책을 좋아해 밤을 새워 읽은 뭔가 특별한 사람이라는 느낌이 있었다.

그런데 아파서 병원에 입원했을 때 시간이 많아지니까 내 살아온 이야기나 써봐야지 하면서 한두 장 써보기도 했다. 퇴원하면 찢어버리고 그러기를 몇 번이나 되풀이했다."

박영숙이 이렇게 쓰기 시작한 글은 월간지에 연재가 되었다. 많은 독자들의 사랑도 받았다. 그는 "활자로 찍혀 나오고 하니까 내가 무슨 작가라도 된 양 기뻤다"라고 말했다.

박영숙도 처음 글을 쓸 때 무척 힘들었다. 중간에 글쓰기를 멈추고 싶을 때도 있었다. 되풀이해서 자신의 글을 찢기도 했다. 하지만 자꾸 쓰니 글과 친해졌다. 글과 친구가 되니 멋진 글도 나왔다.

조금 뻔뻔해지자

경남 함안의 산골마을에 살 때다. 이웃에 함께 농사를 짓던 친구가
있었다. 이 친구 집에 가보면 문학전집이 책장 가득 꽂혀 있다.

충청도 산골에서 자란 이 친구는 중학교를 마치고는 집을 떠났다.
산업체 학교가 있는 마산의 한 회사에 들어가 주경야독을 했다. 방직
공장에서 실을 뽑으며 문학소녀의 꿈을 키웠다. 공장을 다니면서 방
송통신대 국문과도 졸업했다. 지금은 산골에서 농사를 짓는다.

친구는 짬짬이 농사를 지으며 생긴 일, 이웃 할머니들과 고구마를
먹으며 나눈 이야기를 남몰래 공책에 적었다.

이 친구에게 써둔 글을 보여 달라 하면 늘 감춘다. 글을 써달라고
해도 내가 무슨 글이냐며 고개를 절레절레 흔든다.

"날마다 쓰잖아!"

내가 따지면, 남에게 보여줄 정도가 아니라고 한다.

"보여줄 정도라는 기준이 어디 있어."

"부끄러버서……."

얼굴이 빨개지며 말끝을 감춘다. 순박한 충청도 산골 출신 아니랄까 봐 글쓰기에서도 그대로다. 좀 뻔뻔스러웠다면 어땠을까?

다음은 순박한 '문학소녀'의 글이다. 꼭꼭 숨겨둔 글을 어렵사리 설득해 세상에 내놓았더니 〈삶이 보이는 창〉에 실렸다.

이곳에 정착한 지 여러 해가 흘렀다. 파란만장한 30대를 넘어 불혹의 나이를 몇 해 넘기고, 아이도 둘에서 셋으로 늘었다. 유치원 다니던 큰아이가 교복을 입고 등교했다. 잡지 않아도 가고 밀지 않아도 가는 게 세월임에도 힘들 땐 더디 간다고 안달을 내고 즐거운 시간은 '어느새'라며 놀라워했다. 우여곡절 끝에 도시 생활을 접고 몸을 부지런히 움직여 내 가족 먹을거리는 내가 책임져야겠다는 다부진 포부로 농사를 짓기 시작했다. 농사 경력으로 치자면 묏골(살고 있는 마을 옛 지명)에서 가장 아래지만 빈 수레가 요란한 법이다.

들어올 때 장만해둔 논 세 마지기로 시작하고 밭은 빌리기로 했는데 그것조차 여의치 않았다. '저것들이 농사나 지어봤을라나? 괜히 빌려줘서 산이나 만들지 않을까?' 미덥지 못한 맘에 작은 텃밭 정도를 어렵게 빌려 그해 고추 100여 포기와 야채를 심었다.

그렇게 시작한 농사일. 한 해 두 해 어른들은 세월과 함께 몸도 늙어가고 내가 할 수 있는 밭의 규모는 점점 넓어졌다. 작년엔 밭 1,000평에 밭작물을 심고 매실밭 1,000평, 논 세 마지기 농사를 짓느라 깨나 고생했다.

올해엔 더 늘었다. 밭 300평이 늘고 논도 세 마지기가 늘었다. 더 많은 땀을 흘려야겠다. 이제야 동네 어른들께 농민으로 인정받기도 했고 힘에 부친 농지가 우리에게까지 돌아왔다. 좀 더 열심히 이웃들과 소통하며 지낸 부지런함의 대가라고 생각한다. 몸이야 고되지만 흐뭇하고 대견하다. (가운데 줄임)

손이 많이 가는 잡곡 농사는 모두가 기피하는 돈 안 되는 농사다. 내가 살고 있는 뒷골에서도 어른들이 돌아가시고 나면 누가 콩 농사를 짓고 깨 농사를 지을지 걱정이다. 싼 수입 농산물을 먹으면 그만이라는 안일한 생각은 버려야 한다. 몇 년 전부터 값싼 중국 깨에 밀려 국산 깨는 찾아보기 힘들어졌다. 그러나 지금은 중국산도 한 되에 2만 원이 넘는다.

편리한 것이야 선택의 문제지만 먹을거리 문제는 필수적이다. 농사만 지어도 살맛 나는 세상이면 좋겠다. 농사를 지어 대여섯 집 먹을거리를 책임지면 그 집에선 우리의 생활을 책임지는 그런 세상, 농부의 소중한 땀이 헛되지 않은 세상, 등때기가 따갑도록 맞는 여름 햇살이 서럽지 않았으면 한다. (뒤 줄임)

—정은미, "소농으로 살아남기", 〈삶이 보이는 창〉 79호(2011년 3, 4월호).

어떤가? 이 좋은 글 솜씨를 왜 숨겼는지 의심이 들지 않는가. 이 글이 실린 뒤로 가끔 친구의 글을 마주할 수 있다.

한번 뻔뻔해지면 남에게 글을 보이는 일이 쉽다. 호시탐탐 글을 내

보일 곳을 노리기도 한다.

글은 소통하려고 만들었다. 감추고 있으면 글이 제 생명을 잃는다. 남에게 보이는 일이 쉽지는 않다. 제 속살을 보이는 일과 같은데 어찌 쉽겠는가. 하지만 세상에 드러내야 글쓰기가 왜 즐겁고, 행복한지를 알 수 있다. 글쓰기의 참맛은 소통에 있다.

나는 뻔뻔함이 지나칠 정도다. 글 한 꼭지를 쓰면 온갖 호들갑을 떨며 이 사람 저 사람에게 보여준다. 글 좀 쓰는 사람이 있으면 발목을 붙들고 귀찮게 한다. 좋은 사람들이 곁에 있었다.

한 사람은 초등학교 마치고 평생 공사판을 떠도는 철근장이 김해화 형이다. 비 맞은 철근처럼 녹물이 줄줄 흐르는 노동자이자 시인이다. 형이 공사장에서 다쳐 병원에 입원한 적이 있다. 그 무렵 나는 새로 글을 쓰면 병원으로 달려갔다. 형의 깁스한 발을 붙잡고, 내 글을 봐달라고 졸랐다. 형과 병원 앞 잔디밭에 앉아서 500원짜리 '가나초콜릿'을 안주 삼아 소주를 마시며 글을 고쳤다. 별이 깜박깜박 졸 때까지 형이 꼬집어주는 말을 가슴에 새기며.

또 한 사람은 서정홍 형이다. 지금은 경남 합천에서 농사를 짓고 있는 농민이자 시인이다. 마찬가지로 원고 뭉치를 들고 형네 집으로 쳐들어가 밤새 귀찮게 했다. 형수가 보내는 따가운 눈초리를 애써 모른 척하면서.

내가 작가네 시인이네 하며 글을 쓸 수 있는 비결은 바로 이 두꺼운 낯짝의 뻔뻔함 덕이다.

'아줌마가 만든 옷이란다. 정말 예쁘구나!'

노동자, 얼마나 자랑스러운 사람들인가. 세상을 아름답게 가꾸는 일도, 사람에게 필요한 물건을 만드는 일도, 노동자의 손을 거쳐야 한다. 하지만 노동자들은 '그림자'처럼 감춰져 살고 있다.

노동자가 당당하게 노동자라고 외칠 때, '하찮은 존재'가 아닌 사회의 주인으로 대접받을 수 있다. 자신의 권리는 스스로 주장할 때 찾을 수 있다.

다음은 박노해의 〈이불을 꿰매면서〉라는 시다. 자본주의의 '허울 좋은 솜사탕', '몸서리쳐지는 이윤추구'를 말하면서, '아픈 각성의 바늘'을 자신에게 찌른다. 군사정권 시절, 숱한 이들의 가슴을 울린 시다. 좋은 시는 그냥 귀로 들으면 '시구나!' 깨닫는다. 시는 낭독보다는 낭송이라고 해야 어울린다. 리듬을 타며 노래처럼 불러보자.

이불호청을 꿰매면서 속옷빨래를 하면서 나는 부끄러움의 가슴을 친다. 똑같이 공장에서 돌아와 자정이 넘도록 설거지에 방청소에 고추장단지 뚜껑까지 마무리하는 아내에게 나는 그저 밥 달라 물 달라 옷 달라 시켰었다. 동료들과 노조 일을 하고부터 거만하고 전제적인 기업주의 짓거리가 대접받는 남편의 이름으로 아내에게 자행되고 있음을 아프게 직시한다. 명령하는 남자, 순종하는 여자라고 세상이 가르쳐준 대로 아내를 야금야금 갉아먹으면서 나는 성실한 모범근로자였었다. 노조를 만들면서 저들의 칭찬과 모범표창이 고양이 꼬리에 매단 방울 소리임을, 근로자를 가족처럼 사랑하는 보살핌이 허울 좋은 솜사탕임을 똑똑히 깨달았다. 편리한 이론과 절대적 권위와 상식으로 포장된 몸서리쳐지는 이윤추구처럼 나 역시 아내를 착취하고 가정의 독재자가 되었었다. 투쟁이 깊어갈수록 실천 속에서 나는 저들의 찌꺼기를 배설해낸다. 노동자는 이윤 낳는 기계가 아닌 것처럼 아내는 나의 몸종이 아니고 평등하게 사랑하는 친구이며 부부라는 것을, 우리의 모든 관계는 신뢰와 존중과 민주주의적이어야 한다는 것을, 잔업 끝내고 돌아올 아내를 기다리며 이불호청을 꿰매면서 아픈 각성의 바늘을 찌른다.

일부러 행과 연을 구분하지 않고 옮겼다. 읽는 데 아무런 어려움이 없다. 공부(?)깨나 한 사람들의 시를 이리 옮겨놓으면 어떨까? 아무리 읽어도 무슨 말인지 이해하기 어려울 거다.

어느 학자나 정치가가 이 시보다 더 정확하게 자본주의를 말하겠는가? 글쓴이는 바늘을 자본가나 타인에게 찌르지 않았다. 자신에게 찔렀다. 현란한 독설을 동원한 비판의 글은, 술자리에서 취기로 터뜨리는 욕 수준밖에 안 된다. 상대를 겨누는 글을 쓸 때는 자신에게 먼저 바늘을 찔러야 한다. 내 핏줄에서 나온 피로 글을 쓰면, 나와 다른 생각을 가진 이들도 자연스레 고개를 숙인다. 반박을 할 의지마저 잃고 만다. 일하는 사람의 우월함은 철학이나 논리가 아니다. 일하는 사람의 마음씨가 저절로 다른 사람보다 우위를 차지한다. 박노해의 시 한 편이 이를 자연스럽게 증명한다.

마지막으로 8년째 복직 싸움을 하고 있는 코오롱 최일배가 쓴 글을 소개한다.

초등학교 입학한 딸이 학교에서 설문지를 들고 왔다.
직업과 생활내역 조사하는 내용이다.
사랑스러운 딸과 머리 맞대고 즐겁게 적어간다.
딸이 묻고 내가 답하고……

그런데 '직업란'에서 멈칫!
직업? 뭐라고 하지?
그냥 대충 속일까?
잠시 고민하다가 "정리해고 복직투쟁 중"이라고 말했다.
눈을 동그랗게 뜨고 "복직투쟁이 뭐야"라고 묻는다.
또다시 고민.

옆에서 한참을 지켜보던 아내가
"됐거덩! 그냥 무직이라고 써!"란다.
슬프다. 한 번도 무직자라고 생각하지 않았는데…….

하지만 '노동자'라고 썼다.

딸이 고개를 갸웃거리든, 아내가 눈총을 주든

나는 자랑스러운 노동자이니까.

이제부터 딸에게도 '노동자'라는 말이 얼마나 아름다운지 세뇌

(?)시켜야겠다.

아내가 없을 때.

—최일배, "복직투쟁이 뭐야?", 2012. 2. 7.

모질게 추운 날, 최일배가 이 글을 읽자 내 가슴은 둥둥둥 뛰었다. 눈에는 굵은 눈물이 맺혔다.

이웃에 관심 갖기

일하는 사람은 글쟁이가 되려고 글쓰기를 하진 않는다. 가슴속에 맺힌 응어리를 풀어내려고, 더는 가슴에 담아두고 버티기 힘들어서, 글을 쓴다.

글은 폭력을 휘두를 때도 있고, 사랑의 힘으로 나타나기도 한다. 폭력이 될 땐 어떤 칼보다 잔혹하다. 하지만 사랑을 발휘하면 내 삶을 가꿔주고, 내 일터와 세상을 아름답게 바꾼다. 그래서 무기이자 사랑이기도 한, 글의 힘은 무섭다.

글의 힘을 깨달으면 '잘' 쓰고 싶은 욕심이 생긴다. 그 순간 팔팔하게 살아있던 글이 시들시들 죽는다. 글을 쓰는 게 아니라 짓는다. '제대로' 써야 하는데 재주만 부린다.

'멋있는' 글은 한 번 읽으면 끝이다. 하지만 '맛있는' 글은 되풀이해 읽게 된다. 멋은 유행을 따른다. 유행은 한풀 꺾이면 눈길을 끌지 못한다. 하지만 맛은 시간이 지날수록 그립다. 나이가 들수록 고향

음식, 어머니의 손맛을 찾듯 말이다. 재주로 쓴 글은 멋은 있어도 맛은 없다. 맛은 장독에서 숙성되는 장이나 김치처럼 숙성의 시간과 그 시간을 견딜 줄 아는 삶에서 비롯한다.

글을 많이 쓰면서도 잘 쓰면 얼마나 좋겠는가? 허나 어쩌랴! 글의 밑천은 고향집 우물물처럼 늘 솟아나지 않는다. 내 몸과 마음에서 돌고 돌아 더 이상 머물 수 없을 때, 그때 터져 나오는 게 글이다.

영원한 리얼리스트 체 게바라가 죽자 많은 시인들이 그를 추모하는 글을 썼다. 하지만 체와 누구보다 '절친' 이었던 파블로 네루다는 한참 동안 추모시를 쓰지 못했다. 그때 네루다가 한 말이 있다.

"한 인물의 죽음을 애도하는 시에는 무엇보다 역사의 심오한 메아리가 담겨 있어야만 한다. 시가 내 머릿속, 핏줄 속에서 무르익을 때까지 기다리며 숙고할 것이다."

20세기 최고의 작가 네루다도 자신의 몸에 글을 묵히며 숙성시켰다.

한없이 자신의 이야기만 쓸 수는 없다. 이미 많이 썼고, 남은 이야기는 숙성이 덜 됐다. 이때는 이웃의 이야기에 귀를 기울이자. 내 이웃의 삶은 내 삶을 성숙시키는 밑거름이다.

1년에 한두 번 선물 보따리를 싸들고 오는 자식보다 가까이 있는 이웃이 좋다고 어르신들이 말씀하신다. 마을회관에서 아침저녁으로 만나 밥도 나눠 먹고, 고스톱도 치고, 이바구도 하는 이웃이 소중한 법이다. 이들 곁에서 말벗이 되어 수다를 떨면, 이웃들은 당신에게 기꺼이 이야깃거리를 줄 것이다.

　현대 사회는 말하는 법과 함께 듣는 법도 빼앗았다. 자신의 가족보
다 더 많은 시간을 마주하는 사람이 동료다. 그런데 동료와 얼마나
이야기를 나누며 살까? 옆에서 일하는 동료의 고민을 알까? 직장에
서 마주하는 것은 동료가 아니라 컴퓨터 모니터다. 기계나 연장이다.
집에서도 마찬가지다. 마주하는 것은 가족이 아니라 밥상이고, 텔레
비전이다. 24시간 가운데 일과 관련된 말을 빼면 거의 침묵이 아닐
까 싶다.

　그나마 전화통화도 사라지고 있다. 트위터나 문자 메시지가 대화
보다 쉽다. 웃을 때도 '하하' 하지 않고 'ㅋㅋ, ㅎㅎ' 거린다. 아예 이
모티콘으로 자신의 감정을 전달하거나 사진이나 동영상으로 의사를
표현한다. 끊임없이 대화를 하는데 입안에서는 곰팡이가 핀다. 트위
터로는 죽네 사네 하는 친구인데 막상 만나면 어색해서 머리만 긁지
않는가.

　가끔 술의 힘을 빌려 말문이 트이면 자기 이야기만 한다. 남이 듣
든 말든, 남이 말하든 말든, 나 혼자 떠들기에 여념이 없다. 얼굴을
마주하는 나누는 대화가 줄어드니 사람과 만나 소통하는 법을 잊었
다. 예전처럼 파발마를 띄워서 소식을 전하는 시대도 아닌데……. 갈
수록 소통의 단절, 소통의 부재가 사회문제로 떠오른다.

　오늘 술집에 간다면 내 입은 닫고, 동료의 이야기를 듣기만 하자.
대충 한쪽 귀로 흘리면서 듣는 시늉만 하지 말고, 내 일처럼 함께 웃

고 울자. 사랑하는 연인과 사랑을 나누듯 꽉 부둥켜안고 몸뚱이로 듣자. 뜨거운 사랑이 훌륭한 글을 만든다. 내 삶이 내 핏줄에서 버티지 못하고 글로 튀어나온 것처럼, 이웃의 삶이 내 심장에 머물지 못하고 글로 뿜어져 나올 때까지, 귀를 열자.

　이웃에 관심을 가지면 좋은 글을 쓸 수 있다는 것을 다음의 글이 증명한다. 사회복지 일을 하는 이의 글이다. 글쓰기 수업에 제출한 글인데, 내가 뻔뻔해져야 글을 쓴다고 하니 〈한겨레〉에 기고했다. 물론 신문에 대문짝만하게 실렸다.

　　남매는 할머니와 영구임대아파트에서 살고 있다. 부모님은 사업 실패 뒤 도피 생활을 하다 연락이 두절된 지 10년이 넘었다. 가족의 수입은 할머니가 받는 지원금 70만 원뿐이다. 호적상 근로능력이 있는 부모를 둔 남매는 지원금을 받지 못하기 때문이다. 다행히 복지기관을 통해 후원자를 만나면서 매월 정기적으로 후원금을 받을 수 있게 되어 형편이 조금 나아졌다.
　　웃는 모습이 예쁜 다섯 살 주연이는 희귀병에 걸렸다. 보험 혜택 하나 받을 수 없고 치료비는 이미 부모가 감당할 수 있는 수준을 넘어섰다. 아이의 소중한 생명을 지켜주고 있는 것은 주연이가 출연한 방송을 보고 도움의 손길을 보내주고 있는 후원자들이다.
　　이처럼 우리 주위에는 경제적으로 힘든 아이들, 몸이 아픈 아이들이 많이 있다. 그리고 이 아이들에게 따뜻한 도움의 손길을 보내주는 사람들 또한 많이 있다. 아직은 살 만한 세상, 따뜻한 세상이란 말과 함께 이 안타깝고도 가슴 따뜻한 이야기는 끝없이 지속된다. 매주 방영되는 티브이 프로그램을 통해 그리고 각종 언론 보도를 통해. 특히 어린이날, 가정의 달이 되면 방송사와 언론사들이 경쟁이라도 하듯 도움이 필요한 아이들과 마음 따뜻한 후원자를 찾아나선다.

아이들을 돕는 후원자들에게는 '천사'라는 호칭이 부여된다. 천사들은 까다로운 잣대를 들이대며 지원 여부를 심사하는 정부 대신 아이들에게 후원금을 주고 돈 때문에 치료받지 못하는 아이들에게 의료비를 주고 돈 때문에 꿈을 포기한 아이들에게 희망도 준다. 불쌍한 아이들과 천사를 찾아 연결하는 일은 사회복지기관의 몫이다. 마치 매치메이커처럼 서로를 연결한다.

천사들만 있어 준다면 아픈 아이들, 돈이 필요한 아이들, 도움이 필요한 아이들을 모두 지켜줄 수 있을까? 하지만 여전히 천사를 만나지 못하는 아이들이 존재한다. 아직 후원자를 만나지 못한 아이, 모금 방송에 출연할 용기를 내지 못해 지원을 받지 못한 아이, 수많은 사연의 아이들이 남아 있다. 그리고 아버지의 갑작스런 정리해고 등 천사들의 관심을 끌지 못할 사연으로 어려움에 처한 아이들도 존재한다. 이 아이들은 언제 찾아올지 모를 행운을 기다려야만 한다.

천사를 만나느냐 못 만나느냐에 아이들의 생명이, 아이들의 꿈이, 아이들의 미래가 달려 있다면 과연 이것이 가슴 따뜻한 이야기일까? 아이가 아플 때 내 이웃과 내 나라에 의지하고 시스템에 의해 보호받는 것이 아니라 언론에 나가 눈물 흘려야 하고 가장 아프고 가장 불쌍해져야 많은 후원금을 받을 수 있는 나라라면 이것이 아이들을 위한 나라일까?

아이들에게 필요한 것은 천사가 아니다. 조건 없이 생명을 지켜주는 나라, 차별 없이 교육시켜주는 나라, 아프고 가난하다고 티브이에 나가 눈물 흘리지 않아도 필요한 지원을 받을 수 있는 나라, 아이들을 위한 국가가 필요하다.

정부는 우리나라는 이미 복지국가라며 사상 최대 복지예산을 쓰고 있다고 하면서도 아이들에게 무료로 점심을 주거나 조건 없이 생계를 지원하면 나라가 망할지 모른다고 걱정한다. 복지의 한 축을 담당하고 있는 사회복지계 역시 누가 누가 더 가난한지 고르고 누가 누가 더 착한지 찾아내는 역할을 하며 현재와 같은 시스템을 유지하는 데 기여하고 있다. 언론 역시 아이들을 위한 장기적이고 지속적인 대책을 논의하고 아이들이 살기 좋은 세상을 그려보는 것보다는 시즌성 이슈 만들기에 연연하고 있다.

다가오는 어린이날과 가정의 달에는 더 이상 아이들이 눈물 흘리며 천사를 찾지 않기를 기대한다. 정부와 사회복지계, 언론이 현재의 시스템을 그대로 유지하는 데 기여하며 늘 해오던 대로 하는 대신 변화를 시도해보기를 기대한다. 천사들의 선행에 아이들의 생명과 미래가 달려 있는 것이 아니라 든든한 안전망이자 울타리인

국가가 아이들을 지켜주고 보호해주는 것, 그것이 아이들을 보며 함께 눈물 흘리고 걱정한 이 땅의 모든 천사들이 바라는 모습일 것이다.

—이선영, "어린이에게 '천사' 대신 국가를", 〈한겨레〉 2012. 5. 2.

신문으로 세상 읽기

세상 돌아가는 소식에 관심을 가져야 글을 쓸 수 있다. 가장 좋은 방법은 직접 보고 듣고 느끼는 것이다. 이게 쉬운 일이 아니다. 그래서 신문을 읽는다.

방송 뉴스를 통해서도 알 수 있다. 하지만 방송은 시청자가 정보를 소화하는 데 한계가 있다. 시각과 청각을 동시에 이용해 넋을 빼앗기 때문이다. 확인할 겨를도 없다. '아, 이거 아닌데' 하는 순간, 다음 소식으로 넘어간다.

아이티 지진 사건을 보도할 때다. 앵커의 첫 멘트다.

"지금 아이티는 굶주린 폭도들의 난동이 계속되면서 치안이 사실상 무너진 상태입니다."

곧이어 헬기에서 구호품이 쏟아져 내리고, 그 구호품을 잡기 위해 달려드는 난민들의 모습을 보여준다. 혼돈, 그 자체다. (허공에서 쏟아지는데 줄 서서 구호품을 받을 수 있을까?) 이때 나타난 장면이 무엇인지 아는가? 미군이 헬기를 타고 와서 대통령궁을 장악하는 모습이다. 곧이어 폴 넥슨이라는 아이티 주민의 인터뷰가 나온다.

"미군이 들어온 건 굉장히 좋은 일입니다. 지난 1994년에도 미군이 와서 아이티 사람을 도왔습니다."

다른 방송국 뉴스도 마찬가지다. 방송국마다 특파원을 파견해서 취재한 것처럼 했는데 대답하는 사람은 폴 넥슨, 한 사람뿐이다. 카메라 앵글의 각도도 똑같다. 누군가가 제공한 인터뷰와 영상 자료를 여러 방송국에서 그대로 가져다 쓴 거다. 하지만 이 영상 자료의 출처를 밝힌 곳은 없었다. 이 영상은 미군이 구세주라는 걸 인식시키기에 충분했다.

화면은 지나가 버리니 차근차근 분석할 시간이 없다. 나처럼 한가하게 여러 방송사 영상을 되풀이해서 비교해보지 않으면, 알 수 없는 노릇이다.

신문도 왜곡이 있다. 다만 독자들이 '이게 아닌데' 싶으면 다시 읽을 수 있다. 기사 내용 행간에서 감춰진 뜻을 찾을 수도 있다. 방송 뉴스에 앞서 신문을 추천하는 이유가 여기에 있다.

"어떤 신문을 봐야 하나요?"

제일 좋은 방법은 골고루 보는 것이다. 하지만 한가하게 여러 신문을 놓고 비교 분석하기는 힘들다. 그래서 한 신문이라도 꾸준히 보는 습관을 길러야 한다.

신문을 읽을 땐 기사 내용과 세상을 견주어야 한다. 그러면 자신이 보는 신문이 누굴 위해 기사를 쓰는지 알 수 있다. 정의를 따르는 신문이라면 계속 보고, 불의에 동조한다면 과감히 바꿔야 한다.

나쁜 신문 안 보기 운동도 한다. 그러나 무조건 안 보는 것만이 능사는 아니다. (다만 나쁜 신문을 돈 주고 구독하지는 않았으면 한다.) 설령 나쁜 소리라 해도 귀를 기울여야 한다. 첨예하게 갈리는 내용에 대해서는 이쪽저쪽의 목소리를 들을 필요가 있다. 그게 소수의 목소리든 다수의 주장이든 진실이든, 거짓이든 가릴 필요는 없다. 왜곡된 주장도 이 사회에 존재하는 목소리이기 때문이다. 기사에 진실이 담겼다고 믿지 않으면 된다. 진실은 스스로 생각하고 판단하려는 노력을 게을리하지 않아야 찾을 수 있다.

사람은 자신이 옳다고 생각한 것을 진실이라고 믿는다. 그래서 자기 생각과 비슷한 입장을 지닌 신문만을 찾는다. 자신의 믿음을 확인시켜주는 신문을 '공정'하다고 여긴다. 이처럼 믿음의 틀 안에 진실을 가둬서는 안 된다. 넓게 보고, 골고루 들어야 한다.

다음은 〈르몽드 디플로마티크〉에 실린 글이다. 오늘날 언론의 문제점과 좋은 언론의 기준이 잘 드러난다.

(앞 줄임) 오늘날 언론사들은 점차 별 쓸모 없는 설문조사나 대중의 관심을 끌 만한 선정적인 기사, 결론도 없이 한없이 이어지는 전문가나 평론가끼리의 대담 등을 누가 먼저 싣느냐를 놓고 치열한

경쟁을 벌인다. 하지만 우리 언론사는 취재 · 분석 · 비평하는 일을 결코 지겨워해 본 적이 없다. 우리에게 이 단어들은 경쟁, 표절, 묵인, 각종 현안을 적당히 복제 · 편집하는 행위와 전혀 다른 차원의 것을 의미한다. 물론 세계화에 대해 그냥 잘난 척을 늘어놓는 것은 취재나 탐방을 근거로 세계화를 분석하는 일보다 훨씬 수월(게다가 더욱 경제적)할 것이 분명하다. (뒤 줄임)

— 세르주 알리미, "독보적 언론의 정중한 요청",
〈르몽드 디플로마티크〉37호(2011년 10월호).

아무리 사소하고 사적인 이야기라 할지라도 세상을 읽어야 글이 생명력을 갖는다. 신문 보기는 글을 쓰려면 꼭 해야 할 일이다.

편향되게 글쓰기

주장하거나 비판하는 글을 쓸 때, 스스로 멈칫할 때가 있다.

'이렇게 써도 괜찮을까?'

스스로 자신의 글을 검열한다. 공정성 때문이다. 언론은 공정성이 생명이라고 한다. 이 말 때문에 기자가 아닌 이들도 멈칫거린다.

'공정하다'는 무슨 뜻일까? 사전에 "공평하고 올바르다"라고 적혀 있다. '공평하다'는 어느 쪽으로도 치우치지 않고 고르다는 말이다. 그런데 언론은 정말 공정할까?

공정은 사회의 균형을 잡는 일이다. 단순히 내 기사 한 꼭지에 힘 있는 사람과 힘없는 사람, 주먹질한 사람과 코피 흘린 사람, 왼쪽과 오른쪽이 같은 분량으로 나란히 있는 것이 공정은 아니다. 이럴 수도 있고 저럴 수도 있다, 바둑 중계하듯 쓰는 것도 공정은 아니다. 그럼 모두 싸잡아 비난하는 게 공정일까? 아니다. 성인군자입네, 유식을 떠는 것도 공정은 아니다.

치우치지 않는 세상을 만드는 데 힘을 보태는 게 공정이다. 약하고 소외된 이들 곁에 서는 게 공정이다. 잘못된 부분을 바로잡는 게 글이 추구할 공정성이다. 내가 쓴 글이 공정한가를 검열하기 전에 내가 살고 있는 사회가 공정한가를 따져야 한다.

내가 써야 할 글은 약한 이들 쪽으로 치우쳐야 한다. 사회의 다수를 이루지만 소수로 살아가는 사람의 편에서 글을 써야 한다. 바락바락 생존의 절규를 토하지만 신문에 한 줄도 나오지 않는 이들의 목소리를 찾아야 한다.

"쟤는 한쪽밖에 몰라."

이런 욕을 먹더라도, 아무도 들어주지 않는 목소리를 찾아 끊임없이 써야 한다.

내 글이 소외된 이를 위해 한없이 치우쳐도 사회의 균형을 맞추기가 버겁다. 더 많은 사람들이 치우친 글을 써야 이 불균형을 깰 수 있다.

노동자들의 이야기를 모아 한 권의 책으로 묶은 적이 있다. 철저하게 노동자에게 치우친 글이었다. 그 책의 프롤로그다.

이 책은 철저히 권리를 침탈당한 사람들의 기억에서 나온 증언을 바탕으로 쓴 격문입니다. 탐방이나 인터뷰를 통해 취재를 했지만 르포르타주의 기본을 거부합니다. 기록자(reporter)의 역할에 충실하려 했지만 한국 언론이 보여주는 저널리즘은 철저히 거부하며 글을 썼습니다. 그래서 이곳에 나온 글들은 편파적입니다.

사실에 접근하는 방법은 다양합니다. 내가 택한 방법은 저울의 균형입니다. 편파적으로 글을 썼는데 어떻게 저울의 균형이란 말인가? 내 저울은 내 글 밖에 있습니다. 글 한편에 이쪽 이야기 저쪽 이야기 분량을 조절하는 균형이 아닙니다. 바로 사회적 저울의 균형입니다. 권리를 침탈당하고 잃은 쪽의 입장만을 편파적으로 많이, 아니 전부이다시피 글을 구성합니다. 고상하지 못한 방법을 택한 이유는 단순합니다. 굳이 내 글이 아니더라도 권리를 빼앗는 쪽은 더 많은 기회를 이미 사회에서 독점하였기 때문에. 굳이 나까지 나서서 어쭙잖은 저널리스트나 르포라이터의 폼을 잡을 필요가 없기 때문입니다.

그래서 감히 주장합니다. 내 글은 편파적입니다. 저널리스트답지도 않습니다. 르포르타주의 기본을 무시합니다. 그랬기에 가장 공정하고 가장 저널리즘에 가깝고 르포르타주의 정신에 충실합니다.

이곳에 실린 목소리는 가장 상식의 목소리입니다. 가장 낮은 곳에서 보이지 않는 모습을 지닌 채 들리지 않는 목소리로 상식을 위해 살아가는 소외된 사람들의 목소리입니다. 바로 권리를 위한 지독한 싸움을 하는 사람들의 증언입니다.

글 중간중간에 불쑥불쑥 내 감정을 폭발하여 담고 있습니다. 하지 말아야 함을 굳이 알면서 글에 담은 이유는 내 글은 기사도 르포도 아닌 삐라이기 때문입니다. 세상에 뿌리는 삐라. 이론과 논리 형식을 거부한 채 최소한의 상식에 기초한 상식의 권리를 지키려는

삐라이기에, 그 상식조차 허용하지 않을 때는 과감히 내가 달려들어 함께 소리를 외칩니다. (뒤 줄임)

— 오도엽, 『밥과 장미』, 삶이보이는창, 2010.

공정한 사회를 위해 치우치는 글을 쓰려면 더욱 고된 노력이 필요하다. 치우쳤다는 반박이 나오지 못할 정도로 사실에 접근해서 글을 써야 한다.

다음은 노동자들의 선전물이다. 붉은 머리띠와 수건이 가득 담긴 사진과 함께 실린 글들이다.

"해고는 살인이다."

"자본의 잔혹한 해고의 칼날 앞에 쓰러질 수 없다."

"기술 설비투자 하나 없이 노동력만을 착취하여 흑자를 내었고 노동조합과 합의 없이 일방적으로 회사 부지를 매각 처리했다."

"매년 흑자를 냈고 부채비율 또한 어느 기업보다 적은 회사를 하루아침에 청산한다는 것을 결코 받아들일 수 없습니다."

"자본의 구조조정의 칼날에 우리는 절대로 물러설 수 없습니다. (가운데 줄임) 함께 투쟁할 때 우리는 반드시 승리할 수 있습니다."

선전물을 '객관과 공정'이라는 '기자 정신'으로 쓸 필요는 없다. 회사의 입장을 구질구질하게 대변해가며 자신의 글을 검열할 필요도 없다. 하지만 위에 소개된 글들이 제대로 치우친 글은 아니다.

회사가 뭔가 나쁜 짓은 한 것 같은데 왜 살인인지, 무엇이 착취인지, 왜 받아들일 수 없는지, 왜 함께 투쟁해야 하는지 쉽게 이해할 수 없다. 직접 당하지 않은 사람이 보기에는 일방적인 주장처럼 들린다.

치우침과 강요는 다르다. 치우치는 글을 쓸 때는 제대로 기울어져야 한다. 이게 진실이라고 강요해서는 안 된다. 답은 읽는 사람이 찾는 것이다. 글을 쓰는 사람은, 독자가 답을 찾을 수 있게 안내하면 그만이다. 목적지를 찾고 못 찾고는 읽는 이의 몫이다.

내 감정이 앞서면 글이 흐트러진다. 치우치기는커녕 역효과가 날 수 있다. 감정의 칼날은 글의 행간에 숨겨야 한다.

당분간은 치우친 글을 쓰는 사람이 많이 나와야 할 때다. 들리지 않는 숱한 곳에서 신음하는 사람이 너무도 많다. 아직도 고통을 강요하는 가해자의 목소리만 넘친다. 제대로 치우친 글이 절실하다.

글과 함께 놀아보기

재밌게 쓰기

"이야기는 재밌게 하면서 글은 왜 이리 무거워?"

엘리베이터 수리를 하며 시를 쓰는 벗이 내게 충고한다. 글 좀 재미있게 쓰라는 말이다. 얼굴이 확 붉어졌다. 내 인생은 '자유로운 영혼'인데 글을 쓰면 창살에 갇히기 때문이다.

글은 재미있어야 한다. 읽는 사람도 재밌어야 하고, 쓰는 사람도 재밌어야 한다. 즐겁게 글을 쓰면 읽는 사람도 즐겁다.

그럼 왜 재미없는 글이 써질까? 글에 권위와 힘이 잔뜩 들어갔기 때문이다. 글을 쓰면서도 고통이 이만저만 아니었을 거다.

재밌는 글은 솔직할 때 나온다. 꾸미지 않고 있는 그대로를 보여줘야 재밌다. 때론 자신의 망가진 모습까지도.

다음은 청소년 기자학교에서 만난 글이다.

작년 여름방학 때쯤 나와 우리 누나가 할머니 댁에서 며칠 있었던 적이 있다. 할머니 댁은 남해에 있는데, 시골이었다.

"야들아! 이제 인나라!"

매일 아침마다 할머니는 일어나라고 재촉하신다. 시간을 보니 6시다. 할머니는 방학인데 6시 정도까지 자는 것이 늦었다며 일어나라고 매일 우리를 갈구신다. 역시 나이가 들면 밤잠이 줄어든다는 게 사실인 것 같다. 나는 누가 잘 때 뭐라고 하면 오래 못 자서 그냥 일어났다. 하지만 누나는 사정이 다른 것 같다. 계속 삐기면서 누워 있다. 사실 나도 일어나긴 했지만 할 건 없었기 때문에 그냥 TV를 켰다. 정말 평일 아침 TV 프로그램에선 볼거리가 풍성하지 못하다. 그렇게 멍하니 TV를 보고 있다 보니 할머니께서 밥을 먹으라고 하신다. 그제야 누나가 깨서 밥을 먹었다. 밥을 먹고 나서 누나가 나한테 말을 꺼냈다.

"슬옹아, 돈은 내가 댈 테니까 오늘 읍 갈래?"

읍은 남해에서 그나마 좀 유흥시설이 발전되어 있는 곳이다. 그런데 차비가 좀 드럽게 비싸다. 남해는 아직 인구가 딸려서 시내버스가 없기 때문이다. 하지만 나는 내 돈 나가는 일이 아니므로 당연히 승낙을 했다.

버스를 타고 읍에 도착했다. 읍에 가니 확실히 놀 곳이 많긴 했다. 하지만 난 할 게 없어서 PC방을 갔다. 누나도 사실 놀려고 온 건 아니고 먹을 것을 사러 온 거였다. 그렇게 PC방에서 시간을 죽이고, 먹을 걸 사러 마트에 갔다. 나는 돈을 가지고 있지 않았기 때문에 돈을 가진 권력자인 누나에게 빌붙기로 했다.

그렇게 읍에서 대충 시간을 때우다 보니 시간이 꽤 지났다. 이제 할머니 댁으로 다시 가려고 정류장으로 들어갔다. 중요한 건 누나와 나는 버스 시간을 잘 모른다는 거다. 남해에는 버스를 탈 때 표를 끊어서 타는 방식이라서 표 파는 아저씨가 있는데, 그 아저씨한테 물어보기로 했다.

"아저씨, 여기 광두마을 가려면 몇 시 차 있어요?"

"으이, 광머리? 그기 5시 20분에 차 있다이."

다행히 차 시간을 알아서 누나와 나는 안심하고 버스를 기다렸다. 그런데 5시 20분에 버스가 들어오는데, 그 시간에 오는 차가 한두 대가 아니었다. 5시 15분에 차가 오길래 혹시 그 차인가 싶어서 봤다. 버스에는 정차하는 마을 중 주요 마을만 이름이 적혀 있었는데, 거기엔 할머니 댁 마을이 적혀 있진 않았다. 갑작스러운 혼동이 왔다.

"누나야, 우리 버스 언제 오는지 잘 모르는데 어쩌노?"

"괜찮타. 좀 이따가 저기 버스에 뭐 적혀 있는지 보고 마을 따라 가믄 된다. 내가 뭔지 안다."

우리 누나의 아는 척이 터졌다. 비극의 시작 지점이라고 보면 된다.

나는 누나의 말을 가슴 깊이 믿고 따르기로 했다. 난 모르니까. 이러다가 잘못되면 누나 잘못으로 떠넘기면 되니까.

아무리 기다려도 '광두'가 적힌 버스는 오지 않았다. 아무래도 놓친 거 같았다.

"누나야, 차 놓친 것 같은데?"

"내 생각도 그렇다. 다시 차 시간 물어보자."

그래서 다시 차 시간을 물어봤다.

"아, 니네 그 차 놓쳤나. 광두마을은 막차 끈키버려가꼬 이제 갈라면 이동 가는 버스 타고 가가꼬 이동에서 내려서 걸어가야 된다."

막막한 기분이 들었다. 중요한 건 이동 가는 버스 시간도 모른다는 거였다. 누나랑 나는 패닉 상태에 빠졌다. 일단 이동 가는 버스 시간을 물어보니 6시 10분이라고 했다. 이번엔 볼 것도 없이 그냥 6시 10분에 오는 차를 타고 가기로 했다. 이건 거의 도박에 가까운 행위였지만 나도 그때 왜 그랬는지 모르겠다.

6시 10분이 되자 온 버스를 바로 탔다. 그 뒤에 깨달은 건데 우리는 이동이 광두 옆 마을인 건 알지만 어떤 곳이 이동인진 모른다는 것이다. 버스에 타서 한참 동안 멍 때리다 보니 어느새 종착역까지 가게 됐다. 버스 기사가 내리란다.

"이야들아, 니네 왜 광두마을 표를 내노. 여기 미조다. 돈 더 내야 된다."

남해는 가는 지역마다 버스표 가격이 다르다. 광두는 읍이랑 가까운 편이라서 버스표가 더 싸다. 그래서 돈을 더 내야 되는 상황인데 누나가 돈을 다 썼다. 우리가 정말 불쌍한 척을 하면서 사정을 말했더니 버스 기사가 좀 띠꺼운 표정을 지으면서 그냥 보내줬다.

버스에서 내리고 나니 참 막막했다.

"박예슬, 누나 땜에 망했다이가. 우리 어찌 가노. 왜 나대가꼬 그냥 버스 기사한테 물어보고 탔으면 됐다이가."

나는 너무 막막해서 누나를 맹비난했다. 그러다가 비난하는 것보다 다시 할머니 댁으로 돌아가는 게 우선이란 걸 깨닫게 되었다. 일단 택시를 잡아야 되는데, 지금 시간에 택시를 잡으면 뭔가 범죄가 발생할 것 같은 안 좋은 예감이 들었다. 하지만 그런 것을 생각할 시간이 없었다. 그래서 그냥 아무 택시나 잡았다. 운이 좋게도 택시 기사가 여자였다. 그래서 왠지 안심이 됐다. 그런데 택시 기사가 교회를 다니는 사람인 거 같았다. 우리 보고 교회를 다니란다. 왜 교회 다니는 사람들은 보는 사람마다 교회를 오라고 할까. 하지만 일단 너무 열심히 교회에 와야 되는 이유를 설명하기에 들어는 줬다. 이때 누나는 그 사람 말이 듣기 귀찮았는지 다니는 교회가 있다고 거짓말을 했다. 누나가 교회를 다닌다고 하자 그 뒤로는 교회 오라는 말은 안 했다. 그러다 보니 어느새 할머니 댁에 도착했다. 택시비가 26,000원 정도 나왔다. 더럽게도 많이 나왔네. 지금 생각해보니 그거 모범택시였나 보다. 일단 내가 택시에 앉아 있고, 누나가 할머니한테 가서 돈을 받아오기로 했다. 난 이 순간 어마어마한 긴장을 했다.

'누나가 안 나오면 난 어떡해야 되지.'

이런 생각을 하며 똥줄을 태우면서 기다렸다. 다행히 누나가 돈을 가지고 나왔다. 택시비를 내고 택시에서 내리니 평화가 찾아왔다. 집에 도착하니 할머니가 우리를 꾸짖었다. 하지만 이 순간만큼은 짜증 나진 않았다. 그래서 할머니한테 진심으로 고맙다고 하고는 다음부턴 안 그러기로 했다. 할머니가 이렇게 존경스러워 보일 줄이야.

—박슬옹, "아는 척이 불러온 비극", 2012. 1.

삶의 재미는 멀리 있지 않다. 바로 내 일상의 사소한 일에 이미 존재하고 있다. 재미를 깨닫지 못했을 뿐이다. 마음의 여유를 가지면 찾을 수 있다.

글을 쓰는 사람은 눈이 중요하다. 아주 사소한 것이라도 소중하게 볼 줄 아는 눈. 그 눈을 가질 때, 재미있는 글을 쓸 수 있다. 일터와 주위 사람과 꽃과 풀과 돌멩이를 관심을 가지고 바라보자. 그곳에 재미가 있다.

다음은 시내버스 기사가 쓴 책에 실린 글이다. 지금은 운전대를 놓고 월간 〈작은책〉 편집장을 하고 있다. 그는 글과 무관하게 운전만 하며 살다가 글에 '필'이 박혀 아예 글쓰기 전도사로 나섰다.

서울에서는 시내버스를 운전하기 위해 적어도 네 가지 정도 능력을 갖추고 있어야 한다. 첫째는 눈이 좋아야 하고, 둘째는 달리기 실력이 있어야 하고, 셋째는 눈치가 빨라야 하고, 넷째는 참을성이 있어야 한다. 그래야 살벌한 시내버스 회사에서 운전할 수 있는 자격이 된다.

우선 눈이 좋아야 멀리 숨어서 단속하는 경찰관을 발견할 수 있다. 눈이 나쁘면 1년에 몇 번씩 정지 먹는 딱지를 뗄 수밖에 없다.

달리기 실력이란 속된 말로 '조진다'고 한다. 운전하면서 옆 차 백미러와 내 차 백미러 사이에 두꺼운 도화지 한 장 끼우면 딱 맞을 정도로 사이를 두고 70킬로미터로 조질 수 있는 실력이 있어야 한다. 그래야 종점에 들어가서 오줌 눌 시간을 벌 수 있다.

또 아무리 눈이 좋고 잘 조진다 해도 눈치가 없으면 정류장을 통과할 수 없다. 저 손님이 내 차를 탈 '말뚝 손님'인지 아닌지 판단해야 하고 술에 취한 사람인지도 판단해야 한다. 정류장을 통과해야 밥 먹는 시간 5분을 벌 수 있다. 그리고 지독하게 참을성이 없으면 끝없이 싸우자고 덤비는 옆 차 기사들과 또 손님들과 하루 종일 대가리 터지도록 싸울 수밖에 없다. (뒤 줄임)

—안건모, 『거꾸로 가는 시내버스』, 보리, 2006.

이 글은 시내버스 사업주와 정부를 비판하며 끝을 맺는다. 무겁고 딱딱한 글이 될 수 있는 주제였다. 하지만 자신의 삶 가까이에서 이야기를 찾으니 재밌다.

시내버스 기사의 고단한 삶을 무겁고 장엄하게 말하지 않았다. 정책의 옳고 그름을 논증하려고 고리타분한 학설을 들이밀지도 않았다. 그냥 읽으면 웃음이 절로 나온다. 버스 기사의 '사소한' 사건을 나열했을 뿐이다. 하지만 글쓴이가 하고 싶은 말은 아낌없이 했다. 버스 기사의 삶과 노동도 고스란히 담겼다. 어떤 정책이론가보다 정확하게 교통정책의 문제점을 비판한 글이었다.

이런 글은 버스 기사가 아니면 쓸 수 없다. '버스 기사 빨리 때려치우고 딴 일 해야지' 하며 자신의 삶을 비관해도 쓸 수 없다. 자신의 삶을 소중하게 바라보는 눈이 있어야만 나올 수 있다.

한 가지만 말하기

술자리에서 말 많은 사람이 내 앞에 앉으면 슬그머니 소주잔을 들고 옆자리로 피한다. 경험으로 익힌 술자리 처세법이다.

처음에야 뭔 말을 하는지 이해하지 못해도 고개를 끄덕거린다. 박자도 맞춰주고 추임새도 넣는다. 이야기가 재밌는 것처럼 살짝 웃기도 한다. 하지만 그것도 어느 정도다. 도저히 참을 수 없다 싶으면 울리지도 않는 전화기를 들고 밖으로 나간다.

"여보세요. 나 지금 술자리야."

전화기를 닫고는 슬쩍 다른 자리로 옮긴다.

글도 마찬가지다. 이 이야기, 저 이야기 주저리주저리 늘어놓으면 읽는 사람에게는 고문이다.

대개 하고 싶은 이야기가 넘칠 때 글을 쓴다. 머리에 꽉 들어찬 생각을 풀어놓기에 정신이 없다. 그러니 헝클어지기 마련이다.

머릿속에서는 동시에 여러 가지 그림을 그릴 수 있다. 한 주제에 여러 장면이 클로즈업되어 떠돈다. 허나 어쩌랴. 글에서는 한꺼번에 여러 사건을 보여줄 수 없다. 한 문장이 끝나야 다음 문장이 시작한다. 그게 글이다. 한 꼭지에 한 가지 이야기만 하는 게 좋다.

어릴 적 여자 친구 이야기를 쓰려고 한다. 어디 한둘이겠는가. 하지만 한 꼭지에 영미, 영희, 숙희가 동시에 등장해도 주인공은 한 명이어야 한다. 영미 이야기를 하고 다음에 영희, 숙희 순으로 차근차근 말하는 게 좋다.

영미 이야기를 할 때도 만나서 헤어질 때까지를 한 꼭지에서 전부 말하려고 하지 말자. 짝사랑, 손을 처음 잡던 날, 첫 키스의 기억……이처럼 사건을 나눠서 글을 쓰면 편하다.

글도 밑그림을 그려야 한다. 무슨 말로 시작해서 어떤 이야기를 하다가 어떻게 끝맺을지를 먼저 구상해야 한다. 이 일이 수월치 않다. 그렇다고 학원에 다닐 필요는 없다. 욕심을 버리고, 한 가지 이야기만 제대로 옮기면 된다. 대신 한 사건을 자세하게 쓰려고 애써야 한다. 그리고 자세히 쓰려면 그림을 그려야 한다.

'아침 밥상'이라는 주제로 글을 쓰라고 하면 단박에 나오는 말이 있다.

"맨날 먹는 밥, 뭐 쓸 게 있나?"

하지만 그림으로 그린다고 생각하면 달라진다. 그날 내가 먹은 밥상을 내 눈앞에 다시 차려놓고 차근차근 그림을 그리자. 밥상이 동그란 양은 밥상인지 귀가 떨어진 나무 밥상인지, 세밀화를 그리듯 꼼꼼하게 글로 스케치한다. 한 줄 한 줄 글로 그리면, 한 문장으로 끝날 이야기가 어느덧 원고지 서너 장을 훌쩍 넘긴다. 함께 밥을 먹은 이의 모습과 그가 한 이야기를 적으면, 어느새 글 한 편이 뚝딱 나온다.

청소년 기자학교에서 멋진 글을 만났다.

기다리던 방학이 드디어 시작되었다.

이번 방학에도 역시 놀려고 했지만, 엄마의 반강요로 인해서 나와 동생은 엄마가 일하는 차순이 이모 공장에서 3일 동안 일해주기로 했다. 사회 경험을 이런 좋은 환경에서 해보기도 힘들뿐더러 니네 꼬라지로는 돈을 주고 올 판이라며 엄마가 옆에서 잔소리를 했지만 그래도 이때까진 설렘과 기대, 약간의 두려움 때문에 하나도 들리지 않았다.

차로 김해를 조금 벗어나자 양옆으로 공장들이 하나둘씩 보이기 시작했는데, 엄마 얘기로는 이 근처에는 하청업체들이 많다고 했다. 외국인 노동자들도 유독 많이 보이고 도로 옆으로 걸어서 출근하는 사람도 종종 보였다.

우리는 공장 안 주차장에 차를 주차하고 내렸다. 그러자 공장 식구들이 와서 반겨주었다. 모르는 사람들이라서 안 반가웠지만, 원래 첫인상은 중요한 것이기에 나는 예의 바르게 인사하고는 엄마를 따라 안으로 들어갔다.

공장 안에서는 고무 타는 냄새 같은 게 좀 났는데, 여긴 자전거용

신발에 들어가는 부품 같은 걸 만드는 공장이라서 그렇다고 했다. 엄마는 원래 30분 일찍 와서 맨날 청소로 아침을 시작하는데, 오늘은 우리 때문에 늦었다고 빗자루를 쥐여주며 열심히 쓸라고 말했다. 쓸어도 깨끗해질 것 같지는 않았지만, 그래도 엄마 말 들어서 안 좋을 건 없기에 청소를 했다.

그리고 차순이 이모가 동생과 내가 오늘 할 일을 말해주었다. 부품에다가 드릴로 구멍을 뚫는 거였는데 기술적으로 어려운 일은 아니었지만, 웬 뻥튀기 봉다리 같은 걸 몇 개 들고 와서는 오늘 할 일감이라고 하는 걸 봐선 쉽게 시킬 생각은 없는 듯했다. 우리는 그래도 따신 곳에 앉아서 구멍만 뚫으면 되니 굉장히 좋은 근무조건이라고 생각하며 열심히 구멍을 뚫었다.

그런데 이게 생각보다 많은 집중력을 요하는 게 까딱 잘못했다간 손가락에 구멍을 낼 수도 있다는 것이다. 난 물론 한 번도 다치지 않았지만, 내 동생은 호구 짓을 하다가 두 번이나 피를 봤다. 차순이 이모가 동생 손에 밴드를 감아주면서 "일 못하는 사람이 더 잘 다친다"라고 말했는데 맞는 말인 거 같다.

어쨌든 동생과 나는 아직 미숙해서 짤릴지도 모른다는 불안감에 이날 하루는 진짜 열심히 했다. 하지만 역시 처음이라 마음만큼 손이 빠르지 않았다. 그래서 초과근무를 해야 했다. 아침 8시 반부터 시작해서 점심시간 1시간 빼고 원래는 5시 반까지인데 6시 반까지 총 9시간을 일했다. 덕분에 엄마까지 1시간 더 일하게 되었고 우린 또 잔소리를 들었다. 그리고 집으로 돌아왔다. 내일 아침에는 손이 많이 부을 거라고 엄마가 마사지를 해주었는데, 그래서 그런지 다음 날 많이 아프지는 않았다.

두 번째 날도 또 구멍을 뚫어야 했다. 아마 내일도 그리고 모레까지 계속 구멍을 뚫는 건 우리 몫인 것 같았다. 다행히 동생 손은 살짝 피가 났던 거라 오늘 다 나아서 드릴을 잡을 수 있었다. 확실히 어제보다는 오늘 더 속도도 붙고 그래서 빨리빨리 구멍이 뚫렸다. 하지만 그래서 그런지 시간이 너무 안 갔다. 어제는 제시간 안에 못 할까 봐 걱정이었는데 오늘은 1시간이 2시간 같고, 또 근무시간까지 충분히 다 할 것 같아 적당히 분량 조절을 했다. (빨리해서 한 봉다리를 끝내면 또 한 봉다리 더 해야 한다.) 그런데 이번에는 너무 늦장 부리다가 또 근무시간을 초과했다.

오늘은 30분 초과였다. 엄마가 빨리빨리 하라며 또 잔소리를 하며 도와줬는데, 내가 봤을 땐 엄마도 그닥 빠르진 않았다. 그래도 오늘 보니 차순이 이모도 어제보단 표정도 좋고 내일모레까지 오라고 할 것 같아서 안심이 됐다. 어제는 정말 표정이 '얼마나 버티겠어?' 이거였는데 우리가 오늘 또 와서 감동 먹은 거 같았다. 손가락은 좀 아팠지만 기분은 좋았다.

3일째 아침 역시 우리는 청소로 하루를 시작했다. 3일 쓸면서 깨달은 건 이 공장은 치워도 깨끗해지지는 않는데, 안 치우면 더러워 보인다는 것이다. 그래서 오늘은 더 깨끗하게 쓸었다.

그리고 마지막으로 임무를 받았다. 어제 했던 양의 정확히 두 배 정도였다. '하루 안에 할 수 있을까?' 나와 동생은 걱정했지만, 우린 이제 이 분야에서는 공장 안에서 대적할 사람이 없었기에 (다른 사람들은 다른 일을 한다) 다 할 수 있을 거라고 자신을 격려했다. 그렇게 동생과 미친 듯이 드릴을 돌려댔다. 구멍을 몇만 개 뚫고 깨달은 몇 가지 노하우가 있다면 몇 분을 최고 스피드로 하면 몇 분은 보통 스피드로 해줘야 손목에 무리가 가지 않는다는 것이다. 그리고 손가락에 살짝 땀이 날 정도가 부품을 잡기가 편하고, 드릴이 한 번 돌아가고 멈추기 전에 또 하나를 끼워주면 시간도 절약되고 전기도 절약할 수 있다.

그렇게 열심히 드릴을 돌리다 보니까 많던 물량이 이제 바닥을 드러내고 있었고, 우리는 1초당 구멍 하나를 뚫는 능력자로 〈생활의 달인〉에 출연해도 될 수준에 이르렀다. 차순이 이모의 웃는 얼굴을 보니 우리가 생각보다 열심히 해줘서 매우 기쁜 모양이었다.

엄마도, 차순이 이모도, 다른 이모들도 이젠 우리 보고 잘한다고 칭찬해줘서 나도 기분이 좋았다. 그리고 오늘은 근무시간보다 일찍 일을 끝내고 청소까지 했다. 정말 장족의 발전이 아닐 수 없었다.

그렇게 청소까지 끝내고 다른 이모들한테 인사까지 다 하자 차순이 이모가 우릴 불렀다. 그리고 하얀 봉투를 하나씩 내밀었다. 원래 이런 건 앞에서 세어보는 게 아니지만 흰 봉투가 너무 두둑해 보여서 우리도 모르게 이미 액수를 세어봤다. 1만 원짜리가 13장…… 돈은 자그마치 13만 원이나 되었다!!! 이모가 우리가 뺄짓해서 한 초과근무까지 쳐준 것이다!!

우리는 감격과 기쁨으로 올라간 입꼬리를 내릴 수가 없었다. 웬

만해서 웃지 않는 내 동생도 함박웃음을 지으며 차순이 이모와 삼촌에게 감사를 전했다. 우리는 그렇게 즐거워하며 차에 탔는데 엄마가 우리 돈으로 파티를 하자고 했다. 동생은 처음엔 밥을 안 먹어도 배부르다고 완강히 거절했지만, 사실 배가 고팠기에 결국 승낙하고 빵집에서 케이크를 사서 집으로 갔다.

집에 가니까 아빠가 웬일로 우리를 기다리고 있었다. 굉장히 이상한 냄새가 났는데 아빠가 요리를 한 것 같았다. 고등어에다가 뭔 짓을 해놨는데 그냥 먹을 만했다. 그러고 나서 케이크에 불을 붙였다. "예슬이, 슬옹이의 첫 알바를 위하여~!" 사실 난 완전 첫 알바는 아니었지만 기분 좋게 촛불을 불었다.

—박예슬, "3일", 2012. 1.

꼼꼼하게 썼기에 장점만 도드라졌다. 독자가 문장의 엉성함은 보지 않고 줄거리에 빠진다. 문장이야 뒤에 다듬어도 충분하다

많은 이야기가 담겼다고 좋은 글이 아니다. 한순간, 한 장면만 자세히 적어도 훌륭한 글이다. '자세히'는 설명을 주절주절하라는 말이 아니다. 있는 만큼만 있는 그대로 담자는 말이다. 내 기억 속에 담긴 사건이나 모습을 고스란히 꺼내면 된다.

다음 글을 읽으면 무슨 말인지 금방 눈치를 챌 거다. 서정홍 시인의 〈여름 한낮에〉라는 동시다.

농협 사거리
다리를 절뚝거리며
고양이 한 마리 천천히 지나갑니다.

쥐약을 먹었을까?
아니면 지나가던
자동차에 치였을까?

반찬가게 할머니도
문방구 할아버지도
미장원 아주머니도
무슨 일인가 싶어 몰려들었습니다.

앞쪽에서 오던 짐차 아저씨도
뒤쪽에서 오던 택시 기사 아저씨도
고개를 쑥 내밀고 섰습니다.

사람들은
고양이 한 마리 길을 다 건널 때까지
가만히 바라보고 있습니다.

아무 꾸밈 없이 여름 한낮의 풍경을 그렸는데, 멋진 시가 되었다. 시인이 길을 가다 고양이 한 마리가 지나가는 모습을 봤다. '다리 다친 고양이가 찻길을 건너가고 있다'로 끝날 수 있는 짧은 순간이다. 하지만 시인은 고양이와 주위 풍경, 그리고 주변 사람들까지 꼼꼼히 그렸다. 시인이 본 모습을 지금 내가 보는 듯하다. 그 거리를 가보지도 않았는데 농협 앞 사거리에 무슨 가게들이 있는지도 알 수 있다. 그 고양이가 지금 어떻게 걸어가고 있는지, 그걸 보는 사람들의 표정은 어떤지도 보인다. 글이 아니라 한 장의 사진 같다.

할 말 제대로 하기

"아무리 쓸라 캐도 종이 한 장 채우기 힘듭니더."

포항에서 쇠를 만드는 노동자가 하소연한다. 글 좀 쓴다는 소리를 들으려면 길게 써야 하는 것 아니냐고 묻는다. 그래서 "지랄하네"라고, 한마디 해줬다.

이야기를 길게 쓸 줄 안다고 글을 잘 쓰는 것이 아니다. 원고지 매수를 채우려고 글을 길게 늘리다 보면 짧은 글만 못하다. 글이 삼천포로 빠지며 재미도 없다. 마음속에서 숙성된 글이 아니라 억지 글이 된다. 글의 양을 떠나 내 생각을 제대로 담는 일에 충실해야 한다.

길게 썼지만 할 말을 다 담지 못했다면 부족한 글이다. 짧게 쓰더라도 자신이 하고 싶은 말을 제대로 담았다면 완성된 글이다.

보통 하고 싶은 말이 넘쳐서 들뜬 기분일 때 글을 쓴다. 들뜬 상태에서는 자신이 쓴 글을 고치기가 어렵다. 글에서 빠져나올 시간이 필요하다. 그래서 며칠 서랍 속에 묵혀두는 것이 좋다. 글을 쓸 때의 흥분이 사라질 때까지 모른 척 잊어야 한다.

사나흘 정도 지나면 들뜬 기분이 사라진다. 이때 글을 다시 꺼낸다. 쓸 때는 몰랐던 글의 허술함이 눈에 드러날 거다. 뺄 말은 지우고 더할 말은 보태면 된다. 물론 찢어버리고 처음부터 다시 쓸 수도 있다.

글을 다듬을 때 문장이나 맞춤법, 띄어쓰기를 고친다. 하지만 여기에만 신경을 쓰면 실패다. '할 말'을 다 했는지, 또박또박 '제대로' 했는지를 우선 살펴야 한다. 그다음이 맞춤법이다.

우리말글을 살려 글쓰기를 하자는 친구가 있다. 그 친구는 글을 볼 때 외래어는 없는지, 우리 말법에 틀린 곳은 없는지를 빨간 볼펜을 들고 찾느라 정신이 없다. 그 친구의 우리말 열성에 주눅이 들어 글쓰기를 겁내는 사람이 생길 지경이다.

우리말글을 살려야 한다는 친구의 정신과 노력은 훌륭하다. 하지만 형식에만 집착해서는 안 된다. 우리말글을 살리는 일은 형식 이상의 내용을 담고 있어야 한다. 할 말을 하고 난 뒤, 잘못된 말법을 고치는 게 순서다.

다음은 작가들이 촛불집회에 참여했다는 이유로 정부가 얼토당토않은 일을 벌이자 작심하고 쓴 글이다. 글을 쓰고 나서 후련했다. 할 말을 제대로 쏟아냈기 때문이다. 문장이고 뭐고 단숨에 써서 여러 언론사에 기고했다.

이명박 대통령님께 양심고백을 합니다. 한국문화예술위원회(예술위)는 불법시위단체를 옹호하는 국가단체이오니 정권의 안녕을 위해 처벌하거나 해체해주십시오. 한국작가회의는 지난 2008년 당신을 청와대 뒷산에 올라 〈아침이슬〉을 듣게 만든 촛불시위에 적극 참여하였음을 제가 법정에서 증언할 수 있습니다. 저는 촛불시위 때 한국작가회의 자유실천위원회 부위원장을 맡으며 동료 선후배 작가들과 함께 촛불시위에 참여했습니다. 또한 한국작가회의 깃발이 촛불시위 현장에 나타나기 이전에도 많은 작가들이 자발적으로 여중생들과 함께 촛불을 들고 있었던 증거 사진을 간직하고 있습니다.

예술위는 국가재정법 44조와 88조에 근거하여 내린 행정안전부의 〈2010년도 예산 및 기금운용 집행지침〉을 어겼습니다. 촛불시위 참여단체인 한국작가회의에 다른 참여단체와 형평성을 무시하고 편법적으로 예산을 집행하려고 합니다. 아니, 당신이 말한 '국격'도 없이 제발 돈을 받아달라는 것처럼 애걸복걸하는 듯 보입니다. 아래는 지난 3월 8일 한국작가회의에 보낸 예술위의 공문 가운데 일부입니다.

"우리 예술위는 이 지침을 준수하면서 보조금을 지급하기 위해 귀 단체가 2008년도 '광우병대책국민회의'가 주최한 불법시위에 적극적으로 참여하지 않았다는 사실을 확인하고자 한 것입니다. 미래의 행동을 제약함으로써 자기 양심에 어긋나는 신념과 행동을 강요하거나 자신의 의사를 표현하고 전달하는 것에 제한을 두고자 하는 의도는 없었다는 점을 분명히 말씀드립니다. 그럼에도 불구하고, 확인서의 형식과 일부 내용이 예술계의 오해와 우려를 불러일으킨 점에 대해 매우 유감스럽게 생각하며 확인서의 요청을 철회하고자 합니다."

이건 말이 되지 않습니다. 법이 엄연히 있고 정부지침이 변경되지 않았는데 일개 위원회 조직이 제멋대로 일부 단체에게만 확인서를 철회하겠다는 것은 촛불시위 참여단체보다 더한 반정부 조직임이 분명합니다.

함께 처벌할 사람이 있습니다. 문화관광체육부 장관인 유인촌입니다. 예술위가 작가들에게 양심을 팔라는 굴욕스러운 '확인서' 요구를 철회한 데는 그 상급단체에서 군림하고 있는 유인촌 장관이 예술위의 처신이 올바르지 않았다고 언론에 입장을 밝히면서 이뤄졌습니다. 행정안전부 지침에 충실하던 예술위가 갑자기 입장을 바꾼 것을 보면, 유인촌 장관이 예술위의 배후세력임이 분명합니다.

이뿐만이 아닙니다. 당신이 소중히 여겨 최장수 문화체육관광부 장관을 하고 있는 유인촌은 배은망덕하게도 국가예산을 허투루 쓰고 있습니다. 멀쩡한 예술위 위원장을 불법적으로 내몰고 새 이사장을 선임했다가 결국에는 2명의 위원장에게 월급을 주는 사태를 만들었습니다. 한 푼의 예산이라도 아껴 4대강을 파헤쳐 토건기업을 살려야 하는 판국에 말입니다. 아, 이게 혹시 이명박 대통령님이 요즘 말하시는 '일자리 창출' 정책의 일환이라면 할 말은 없습니다. 하지만 한국작가회의를 지원하려는 배후세력임은 잊지 마세요. 그러다간 정권이 오래가지 못합니다.

이명박 대통령님! 함께 저를 처벌하십시오. 저를 가압류하셔야 합니다. 며칠 전 경찰청에서 불법시위 세력에 피해액에 대한 민사소송을 진행하니 효과적(이 얼마나 국민을 상대로 돈을 거둬들여 국가 예산을 늘리는 정책인가!)이라는 말을 하더군요. 사실 대통령님께 조용히 고백할 일이 있습니다. 저도 민사소송을 당해야 마땅합니다. 2008년 예술위에서 창작기금을 자그마치 1,200만 원이나 지원을 받았습니다. 그런 제가 감히 당신의 가슴을 아프게 촛불시위에 참여하였으니 기금을 당장에라도 돌려 드려야 마땅합니다. 하지만 이를 어쩝니까? 작가의 수입이라는 게 너무도 보잘것없으니 말입니다.

2,000만 원짜리 전세금이라도 당장 빼야 하는데, 그곳은 아내의 명의니 저로서는 어쩔 수 없습니다. 집필실이라도 있으면 어찌 해보겠는데 아직 돈이 여의치 않아 이곳저곳 얹혀 글을 쓰고 있으니 안타깝습니다. 승용차라도 있으면 팔겠지만 그도 없어 늘 걷거나 대중교통을 이용하고 있으니. 정말 답답합니다. 작가들 처지가 그렇습니다. 대부분 저랑 형편이 비슷합니다. 기껏 가진 재주라고는 글쓰기인데, 그놈의 글이라는 게 '저항 정신'을 빼면 쓸 줄 아는 게 없으니, 당신을 위한 '용비어천가'를 써서 대신할 처지도 되지 못합니다.

말이 나와서 하는 말인데, 사실 제가 창작기금 받은 내용이 노동자들 이야기입니다. 6, 70년대 가발공장, 봉제공장에서 시다로 일하며 저임금에 배고팠던 이들의 목소리에서 최근의 비정규직에다 쌍용자동차 정리해고자의 삶까지. 대통령님의 '기업 프렌들리' 정신에 벗어나 있습니다. 당신의 '절친'인 재벌들이 읽으면 뒤통수가 땅기는 글뿐입니다. 그러니 돈도 없고 능력도 없는 저에게 예술위에서 받은 기금을 회수하는 방법은 저항하는 노동자의 급여와 살림살이를 가압류하듯 제 몸뚱이를 가압류하는 방법밖에 없습니다.

참, 하나 더 고자질할 것이 있습니다. 이렇게 가진 것도 없이 사는 작가들이 당신이 '하사'하겠다는 거금 3,400만 원을 뿌리치고 '저항의 글쓰기'를 하겠다고 조직적으로 나선 것입니다. 촛불시위할 때는 이런저런 단체에 가려 적극적으로 보이지 않았는데, 이번에 한국작가회의의 실체가 분명해졌습니다. 저항의 글이 올라오는 순간 중앙대학교에서 진중권 교수를 쫓아내듯 저항의 글쓰기를 하는 작가들을 발본색원하여 밥줄을 끊으십시오. 미네르바처럼 아예 교도소에 처넣든지.

더불어 작가들의 이전 행적도 조사해야 합니다. 당신이 집권하자 국방부에서 불온서적 리스트를 만들듯이 말입니다. 작가들의 글은 사실 '저항 정신'이 빠지면 이미 죽은 것과 마찬가지거든요. 한국 작가회의의 전신이 무엇입니까? 군사정권에 맞서 저항한 자유실천 문인협회와 민족문학작가회의가 아닙니까? 대통령님이 이제껏 관대하셔서 작가들의 실체를 못 보신 겁니다. 노동자와 서민 대신 재벌과 투기자본을 위해서라도 '저항 정신'이 투철한 작가들의 '이성'을 가압류하십시오. 작가들이 말하는 자유와 평등은 당신이 집권하여 유난히 검찰과 함께 외친 법 정신에 위배되니 정권을 유지하기 어려울까 두렵습니다. '저항 정신'이 투철한 작가들의 분노에 전복될 수도 있으니, 이 작가들의 책을 추적하여 분서갱유하십시오.

이명박 대통령님 사랑합니다. 무뎌진 작가 정신을 깨우쳐주신 당신의 은혜 잊지 않겠습니다. 당신의 지난 집권 3년 동안 제 가슴에 새겨진 교훈이 많아 말이 길어진 것 죄송합니다. 한마디만 더 말씀드리고 글을 맺을까 합니다.

작가들이라는 게 알량한 양심 (작가회의도 그래서 3,400만 원을 거부한 것인지는 모르겠지만) 때문에 빚지고는 못 삽니다. 당장 돈이 없어 제가 예술위에서 받은 1,200만 원 기금을 당장 돌려 드리지는 못하지만 나름 준비는 하고 있습니다. 당신에게는 껌값이라 떡하니 수표 한 장이면 끝날 액수지만 저는 그럴 수가 없네요. 제 처지에 맞게 10원짜리로, 1원짜리로 차곡차곡 모아 청와대 앞으로 가져가겠습니다. 저 홀로 안 되면 그 옛날 짱돌을 들었던 벗들과 함께 손에 손에 1원짜리를 들고 청와대로 달려가겠습니다. (그럼 1,200만 명인가?) 그때 놀라지 마십시오. 촛불 때처럼 인왕산에 올라 〈아침이슬〉 부르시며 눈물도 흘리지 마십시오. 단지 당신에게 진 빚을 갚는 일이니. 그날, 이번에 확인서를 쓰지 않은 무례함의 빚도 반드시 갚겠습니다.

— 오도엽, "작가 정신 깨우쳐주신 대통령님께", 2010. 3. 13

글에는 수학 문제풀이처럼 공식이 있지 않다. 짧아도 좋고, 길어도 좋다. 할 말을 제대로 했다면 수천 쪽의 이야기도 단숨에 읽을 수 있다. 때론 단 한 줄의 문장이라도 오랫동안 기억에 남는다.

글과 고무줄놀이하기

이제 글을 고무줄처럼 늘였다 줄였다 하는 놀이를 해보자. 글을 쓰려면 자신의 생각을 끄집어내는 훈련이 필요하다. 쭉 끄집어낸 자신의 생각을 알기 쉽게 정리하는 연습도 필요하다. 글을 고무줄처럼 늘였다 줄였다 하면 내용이 알차진다. 또한 자신이 하려고 한 말을 깔끔하게 정리할 수 있다.

글을 고무줄처럼 늘이는 작업은 자신의 몸 안에 있는 생각과 경험을 고스란히 꺼내는 작업이다. 이 일이 쉽지는 않다. 쓸거리는 많은데 볼펜을 잡으면 생각이 딱 멈춘다. 여기서 포기하지 말자. 그냥 나오는 만큼 우선 쓰는 게 중요하다.

부평공단에서 일하는 한 친구가 울화통이 터져 하고 싶은 말을 종이에 적었더니 딱 세 문장이더란다. 할 말이 많았는데 말이다.

오늘 공장 동료와 일을 마치고 술집에 갔다. 올해 임금동결에 대해 이야기했다. 성이 나서 취하도록 술을 마셨다.

더 무엇을 써야 할지, 자신의 마음을 어떻게 표현할지 막막하기만 하단다. 그럴 땐 우선 진정하고 차근차근 묻자. 언제 임금동결 소식을 알게 되었는지, 누구에게 들었는지, 우선 이것부터 정리하자. 자신에게 질문을 하는 게 쉽지 않다고 해서 대신 내가 물었다.

"아침에 일어날 때 몸 상태가 어땠어?"

"전날 잔업을 했잖아. 몸이 천근만근이었지."

"아침은 먹었어?"

"이불 속에서 뭉그적거리다 늦잠을 잤어. 밥도 못 먹고 공장에 갔지."

이런 식으로 묻고 답하기를 한 뒤, 그 내용을 글로 옮겼다.

어제 늦게까지 잔업을 했더니 온몸이 무겁다. 1분이라도 더 자려고 이불 속에서 뭉그적댔더니 벌써 출근 시간이다. 아침도 거른 채 부랴부랴 공장에 갔다. 작업복을 갈아입고 현장으로 달려가니, 이미 반장이 주재하는 아침조회가 시작되었다. 슬금슬금 눈치를 보며 뒷줄에 섰다. 평소 아침조회 때는 코빼기도 보이지 않던 생산과장이 한마디 하겠다고 한다.

친구는 조회 시간에 임금동결 이야기를 들었다. 생산과장이 "올해 임금은 동결하기로 했다"라고 했단다. 그래서 내가 물었다.

"막무가내로 동결한다고만 했어?"

"아니, 세계경제위기를 들먹이며 회사가 어렵다고 했어. 지금 일자리가 없어 난리인데 이 위기를 이겨내려면 올해 임금은 직원들이 앞장서서 동결해야 한다나 뭐라나."

"그것도 적어."

이렇게 생산과장의 말이나 동료와의 대화 내용도 기억을 되살려 생생하게 적었다.

"생산과장이 말할 때 무슨 생각이 들었어?"

"씨벌, 욕이 먼저 튀어나왔지."

"욕도 적어!"

글에 욕을 써도 되느냐고 묻는다.

"될지 안 될지는 나중에 따질 시간 있거든. 무조건 쓰면 돼."

임금동결 소식을 듣고 기계 앞에 서니 제대로 일이 될 리가 없었다.

괜히 성이 나다 보니 평소 익숙했던 작업이었는데 불량을 냈다. 공구를 가지러 자재실에 가다가는 어이없이 넘어져 무릎에 멍이 들었다. 쉬는 시간에는 동료들과 자판기 커피를 마셨다. 상의도 없이 일방적으로 임금동결을 통보하는 것은 너무하지 않느냐는 말이 오갔다.

자신의 생각이나 감정 변화를 적고, 동료들의 반응도 떠오르는 대로 쓰라고 했다.

일을 마치고 동료와 술집에 갔다. 술맛이 여느 날과 달랐다. 달짝지근하게 목구멍에 넘어가던 술이 그날따라 썼다. 안주보다 술잔에 손이 더 갔다. 몇 잔 마시지 않았는데, 얼굴이 붉어지며 빨리 취했다. 함께 술을 마신 동료가 노사협의회도 거치지 않고 어떻게 일방적으로 임금 문제를 경영진이 단독으로 결정할 수 있느냐며 성을 냈다. 이번 기회에 무용지물이 된 노사협의회 대신 노동조합을 만들어야 하지 않겠느냐고 했다.

이렇게 묻고 답한 걸 엮으니 제법 글이 되었다. 친구는 자기도 모르게 종이 가득 글이 채워지자 "쓸 것 많네" 그런다.

그날 일을 바둑 복기하듯 차근차근 말하던 친구가 불현듯 IMF 때 이야기를 꺼낸다. 이렇게 되면 더 이상 질문을 던질 필요도 없다. 생각이 열리기 시작하자 꼬리에 꼬리를 물고 쏟아져 나온다.

"그때도 금융위기라고 사장이 엄살을 피웠거든. 그 공장이 수출을 했어. 알고 보니 위기는커녕 달러 값이 뛰어 막대한 환차익으로 돈을 왕창 번 거야. 그 돈을 사장이 부동산 투기에 쏟아부었지. 밀양에 지은 2공장도 그때 번 돈이고, 창원 시내에 산 상가도 그때 번 돈이야."

그 이야기도 적으라고 했다. 예전 이야기인데 뜬금없지 않겠냐고 묻는다. 뜬금이 있고 없고는 나중 문제다. 가슴에 쌓인 이야기를 아낌없이 쏟아내는 게 먼저라고 했다.

친구는 군대에 가기 전, 성수공단의 작은 공장에서 일했던 이야기도 한다. 임금을 올려달라고 했더니 아예 공장 문을 닫은 사장 이야기다. 이것도 써도 되느냐고 묻는다.

"당연히 써야지."

생각을 무한정 쏟아내면 글이 샛길로 샌다.

걱정 마라. 처음 글을 쓸 때는 샛길로 새도 괜찮다. 샛길로 샌 내용이 새로운 한 편의 글로 나올 수도 있으니. 처음의 주제와 달라져도 상관없다. 인생이 계획대로만 되지 않듯이 글도 마찬가지다.

보고 느끼고 생각하고 행동한 내용을 충분히 적었다면, 책상 서랍에 집어넣자. 글이 샛길로 샜든 좌충우돌했든 걱정하지 말고 글에서 빠져나오자. 사나흘 뒤, 늘어났던 고무줄을 줄이면 되니까. 그때까지는 내가 쓴 글을 잊고 열심히 놀자.

얼개 짜기와 다듬기

글을 쓸 때 밑그림을 그려놓고 쓰면 빨리 완성할 수 있다. 그런데 이 밑그림을 그리는 일이 쉽지가 않다. 그러나 걱정 마라. 내 멋대로 쓰다 보면 밑그림을 그리는 자신만의 노하우를 찾게 되니까.

작가들도 막상 글을 쓰다 보면 첫 구상과 달리 새로운 이야기로 흘러가기 마련이다. 때론 밑그림과 아주 다른 이야기가 나온다. 아무리 완벽하게 얼개를 짜고 글쓰기를 시작해도, 쓰면서 얼개를 바꾸게 된다. 그러니 얼개 짜는 일에 너무 골머리를 썩을 필요는 없다. 고무줄놀이가 말끔히 해결해줄 테니.

고무줄놀이는 글을 다듬는 일이 아니다. 생각을 끌어내는 연습이다. 글쓰기 방법이나 글 얼개 짜기를 이론으로 익히는 데 힘을 빼면 자신의 생각을 제대로 끄집어내지 못한다. 잘 '짜인' 글은 자신의 생각을 '제대로' 끄집어낼 때 나온다.

이제 서랍에 넣어둔 글을 꺼내자. 여기서 글을 더 늘일 수도 있다.

하지만 자꾸 늘이면 고무줄이 끊어진다. 적당히 늘였다고 생각되면, 이제 당긴 줄을 놓는 연습을 한다.

이때 글을 소리 내어 읽자. 큰 소리로 또박또박 읽지는 마라. 사랑하는 사람에게 들려주듯 소곤소곤 속삭이자. 자신의 귀로 내용을 이해할 수 있게 천천히 읽는다.

늘여둔 글에는 아침 조회 시간도 있고, 저녁 술집 풍경도 있다. 생산과장 이야기도 있고, 자신의 이야기도 있고, 동료의 이야기도 있다. 오늘 이야기도 있고, 며칠 전부터 술렁거리던 공장 분위기도 있고, 10년 전 IMF 시절 이야기도 있다. 모두 자신의 마음속에 묵혀두었던 이야기다. 어느 한 곳도 지울 수 없다. 하지만 어딘가는 살리고 어딘가는 줄여야 한다. 인생처럼 글도 선택의 연속이다.

당연히 내가 가장 하고 싶은 말을 살려야 한다. 주절주절 끄집어낸 여러 이야기 가운데 내가 꼭 하고 싶었던 말을 남기고, 나머지는 줄이거나 지워야 한다.

숱한 현재와 과거 가운데 내가 가장 하고 싶은 말에 큰 동그라미를 친다. 큰 동그라미를 친 이야기와 연관된 주변 풍경과 사람들의 의견에는 세모를 친다. 세모 가운데 동그라미를 말하는 데 꼭 있지 않아도 될 이야기는 가위표를 친다. 오늘 쓰고 싶은 이야기와 상관없는 이야기는 당연히 가위표다. (문단마다 동그라미, 세모, 가위표를 친다.)

이때 글을 끌어나가는 순서도 잡는다. 내가 하고 싶은 말을 맨 앞으로 넣을 것인가, 글 끝에서 보여줄 것인가? 여기에는 정답이 없다. 읽는 사람의 마음을 설득하려면 뒤로 가고, 자신의 주장을 이치에 맞게 증명하려면 앞에 내세우는 게 좋다.

그다음에는 동그라미와 세모에 숫자를 적어 글의 순서를 잡는다. 동그라미 먼저, 세모 나중이 아니다. 숫자는 글의 흐름을 잡는 일이다. (될 수 있으면 시간순으로 숫자를 매기는 게 좋다.)

나는 종이로 출력해서 얼개 짜기와 다듬기를 되풀이한다. 종이 소비가 심하다. 하지만 모니터보다는 종이가 편하다. 동그라미, 세모, 가위를 그리기도 쉽고, 기호에 숫자를 넣기도 편하다.

모니터에서 다듬어도 괜찮다. 이때 첫 원고는 따로 저장해야 한다. 글을 다듬다가 동그라미와 가위표가 바뀌는 경우도 있다. 한번 지워진 문장을 다시 되살리는 일은 무척 어렵다. 첫 원고가 없다면 난감한 일을 당할 수도 있다.

가위를 친 이야기는 나중에 새로운 글로 쓸 수 있다.

처음 쓴 글과 마찬가지로 수정된 원고들도 따로 저장해야 한다.

글은 줄이면 줄일수록 맛이 있다.

몇 초 동안 있었던 이야기를 원고지 10장 넘게 맛깔나게 쓸 수도 있다. 하지만 괜히 길게 늘인 글은 읽는 사람을 지루하게 한다. 전달할 말을 제대로 보여주지도 못한다. 삶처럼 글도 절제되어야 아름답다.

처음부터 짧게 쓴 글과 제대로 줄인 글은 차이가 있다.

최대한 생각을 끄집어내 글을 길게 쓴 다음에는 줄일 수 있는 만큼 줄여야 한다. 그래야 독자에게 정확하게 전달할 수 있다.

처음부터 짧게만 쓰려는 것도, 반대로 처음부터 너무 길게 쓰려는 것도 위험하다. 고무줄처럼 늘였다 줄였다 해가며 써야 한다. 이게 글쓰기 책 수십 권을 읽는 것보다 큰 공부다.

글 얼개 짜는 법이 따로 있는 게 아니다. 고무줄놀이가 얼개 짜는 법이다. 놀이에 익숙해지면 머릿속에서 얼개를 짤 수 있다. 그전까지는 생각을 모조리 끄집어내 얼개를 짜야 한다. 글쓰기에 친숙해질 때까지는 고무줄놀이를 하자.

짬짬이 떠오른 생각 챙기기

　종이와 연필을 늘 몸에 지니고 다니는 친구가 있다. 트럭에 물건을 싣고 배달하는 일을 한다. 이 친구는 운전을 하다가도 갑자기 차를 세우고, 종이에다 뭔가를 적고, 다시 차를 몬다. 순간순간 떠오르는 생각을 적는 일이 몸에 배어 있다.

　친구는 워낙 일하는 시간이 길다. 글을 차분히 쓸 여유가 없다. 일하다 짬이 나면 피시방에 들어가 글을 쓴다. 남들이 보면 몇 날 며칠 써야 할 글을 1시간도 안 걸려 뚝딱 써내곤 한다. 글재주가 좋아서 그럴까? 물론 재주도 있겠지만, 그때그때 떠오른 생각을 종이에 적는 일을 꾸준히 했기 때문이다. 일하다 동료들과 주고받았던 이야기, 운전하며 보았던 풍경, 간간이 떠오르는 생각을 수첩에 옮겨 적었다가 한 편의 글을 만든다.

　이 친구의 글을 소개한다.

"더러워서 정말…… 겨울만 지나면 나가야지!"

영업소 소장이 새로 바뀌고 나서, 출하부 배송 기사들은 걸핏하면 더러워서 나가야겠다는 말을 단물 빠진 껌을 씹듯 곱씹었다. 특히, 나랑 동갑내기 친구로 지내는 김 기사는 낙동강 오리알이 되어 이빨을 부득부득 갈았다.

지난해 초여름, 내가 출하부 배송 기사로 입사했을 때부터 김 기사는 고참 행세를 톡톡히 했고 유별나게 성깔이 드셌다. 인사를 나누자마자 반말은 기본이었고 욕지거리와 막말도 서슴없이 내뱉었다. 까무잡잡한 얼굴에 날카롭게 번득이는 눈매, 얼룩무늬 군복 바지에 짧게 깎은 스포츠형 머리, 상체의 근육이 쇳덩이처럼 단단한 몸매, 거기다가 팔뚝에 그려진 나비 모양의 문신까지……. 굳이 말 끝마다 씨팔, 좆팔을 찾지 않아도 그냥 보는 사람을 주눅 들게 하기에 충분했다.

나는 은근히 그의 기세에 눌려 눈치를 살펴야만 했다. 반면, 온순하고 차분한 성격의 허 기사는 나에게 무척이나 친절했고 자기 일을 놔두고서라도 내 배차를 꾸려주었다. 다만, 정도 이상으로 말이 많고 지나치게 아는 척하고 일마다 나서는 꼴이 귀찮기도 했지만, 그다지 밉게 보이진 않았다. 그래서 나는 허 기사와 어울려 가깝게 지냈다. 기사들 다섯 명이 있는 틈에서 자연히 김 기사는 외톨이었다.

일 끝나고 회식을 하는 술자리에서, 결국 김 기사와 나는 제대로 한판 붙고 말았다. 김 기사는 술만 먹었다 하면 꼴통으로 익히 소문이 나 있어 알아서 자리를 피하는 게 상책이라는 귀띔을 들었지만, 막상 술잔을 나누다 보니 남자답고 시원스런 행동이 생각보다 마음에 들었다. 우리 친구 하자, 악수를 나누고 새로운 우정을 다짐했다. 그런데 김 기사가 눈을 매섭게 꼬나 떴다.

"뭔 친구, 인마! 내가 형이지."

그는 말띠, 나는 뱀띠였다. 내가 분명히 한 살이 많은데 그건 이른바 집안 나이고, 민증을 까면 호적이 67년생으로 되어 있어 오히려 내가 그보다 한 살이 어렸다. 고등학교 졸업 연도와 군번까지 들먹이며 나는 호적상으로 잘못 기재된 나의 나이를 증명하려고 했으나, 그건 구차한 변명에 불과했다.

"호적으로 하는 거야. 너 앞으로 나한테 형이라고 불러!"

서로 티격태격 몇 마디 농담 삼아 시비가 오간 것도 잠시, 김 기사가 대뜸 내 멱살을 틀어쥐었다.

"너, 일루 나와."

"그래, 나가자!"

술집 뒤편 골목길에서 멱살을 잡고 끌고 한동안 드잡이를 했다. 아무래도 힘으로는 내가 안 될 것 같았다. 어떻게든 잡힌 모가지를 뿌리쳐야 도망이라도 칠 텐데, 도무지 그의 손아귀에서 벗어날 재간이 없었다.

"형이라고 해!"

"못 해, 짜샤! 내가 형이라니깐."

나는 태어나서 돌아가신 선친을 한 번도 원망해본 적이 없었는데, 그때만큼은 내 호적을 제때, 제날짜에 올려주지 않은 아버님이 지독히 원망스러웠다. 땅바닥에 깔려 김 기사의 작업화 밑창이 내 얼굴을 막 짓밟으려는 찰나, 버둥거리는 손에 움푹 만져지는 게 있었다. 모래였다. 나는 모래를 한 움큼 집어 그의 얼굴을 향해 뿌렸다. 모래는 돌멩이보다 쇠망치보다 훨씬 그 효과가 뛰어난 무기였다. 김 기사는 갑자기 날아든 모래를 얼굴에 덮어쓰고 눈깔을 마구 부비면서 물러났다. 그 틈에 나는 잽싸게 일어나 도망을 쳤다.

그 뒤로도 김 기사와 나는 몇 번인가 더 싸웠다. 그때마다 나는 옷이 찢어졌고 또 웃으며 술을 마셨다. 그렇게 어린애들처럼 다투고 어르면서, 무더운 여름이 가고 가을이 오면서 우리는 둘도 없는 친구가 되었다.

보통 현장 일은 가을 막바지부터 눈코 뜰 새 없이 바쁘다가 그 한철이 지나고 겨울 들어서면서 한가해지기 마련이다. 그런데 그즈음 본사에서 영업소 소장이 새로 부임해오고 나서는 이상하게도 연말이 지나고 해가 바뀌어도 물량이 줄어들지 않았다. 소장이 정신없이 영업을 독촉하고 새로운 거래처엔 무조건 원가 이하로 납품을 하기 때문이었다. 그럴수록 일은 늘어나고 배송팀은 손발이 떡떡 얼어붙는 추위 속에 죽을 맛이었다. 겨울에 좀 놀고먹을까 하는 기대로 새벽부터 뻥이를 쳤는데……. 배송 기사들은 날마다 소장에게 씹히고 까이는 게 일이었다. 겨울만 지나면 나가야겠다는 바람도 말짱 허사였다.

"저 개새끼가 날 보고 담배꽁초 버렸다고 지랄이야."

나는 이른 아침부터 소장에게 욕을 먹고 씩씩거리고 있었다. 현장 청소해라, 용접해라, 상차가 왜 늦느냐, 어제 몇 시에 들어왔느냐, 송장 분류 다시 해라…… 사람만 보면 절대 그냥 넘어가지 않고 끊임없이 잔소리를 해댔다. 더구나 유별나게 나에게만 늘상 인간적인 모욕이 뒤따랐다. '옷이 그게 뭐냐, 무슨 거지새끼냐', 어제 수염을 깎았는데도 '왜 수염 안 깎느냐'고 타박을 했고, 오토바이와 접촉 사고 난 수리비를 끝까지 보내주지 않았다. '확인서를 써라, 사람이 칠칠치 못하니까 그런 거 아니냐'며 아주 대놓고 모욕을 주었다. 나는 언제 소장을 한번 받아버릴까, 분을 삭이고 있었다. 그러나 소장이 설치면 설칠수록 그 성질 더러운 김 기사가 의외로 고분고분했다. 허 기사는 말할 것도 없고 대충대충 넘어가던 배송 주임 역시 태도가 확연히 달라졌다. 소장이 직제를 개편해 단번에 주임을 과장으로 파격적인 진급을 시켰기 때문이었다. 모두가 꼼짝 못하고 설설 기는 눈치가 역력했다.

"내일부터 새벽에 조출하지 말자. 본래 정상 출근 시간이 8시 아니냐?"

나는 김 기사와 신입 기사 한 명을 따로 불러 작당을 했다. 기사 셋만 빠지면 소장도 손을 들 거라고 생각했다. 잔업 시간을 30분 단위로 끊는 것부터 시작해서 일방적인 소장의 부당성을 지적하고 '우리끼리' 똘똘 뭉칠 것을 결의했다. 다들 그러겠다고, 여차하면 한꺼번에 그만두자고 재삼 다짐을 했건만…… 그 역모는 보기 좋게 실패로 돌아갔다. 신입 기사는 몸이 아프다는 핑계로 출근을 하지 않았으니 나름대로 약속을 지켰는데, 배신자는 바로 김 기사였다. 소장한테 걸려온 전화를 받고 일단 출근을 해서 면담을 했다. 몇 가지 문제를 따지던 중에, 소장이 나더러 왜 사람들을 선동하느냐고 했다.

"일하기 싫음 관두세요!"

그보다 더 단호한 결론은 없었다. 인수인계할 때까지라는 단서를 달고 장갑을 끼고 밖으로 나왔다. 눈이 쌓인 배차장에서 김 기사가 혼자서 열심히 상차를 하고 있었다. 나는 아무 말도 않고 김 기사의 일을 거들어주었다.

"몇 시에 나왔어? 8시?"

김 기사는 뻥긋 웃더니, 담배를 한 대 꺼내 물고 고개를 끄덕였다.

"겨울은 나야지……. 씨팔, 어디 갈 데가 있냐?"

그날 저녁, 배송팀은 사무실 직원들까지 불러내 오래도록 술을 마셨다. 어떤 어수룩한 중놈이 만들어놓은 말인지는 몰라도 '절이 싫으면 중이 떠난다'는 말에 모두가 풀이 한껏 죽은 눈을 껌벅거렸고, 어느 상감 턱 쪼가리에서 나온 녹인지는 몰라도 누군가 '그래도 녹을 먹고 있는 회사에 충실해야 한다!'는 훈계에 저마다 자라목처럼 길게 움찔거리는 목을 다소곳하게 늘어뜨렸다. 더구나 공석으로 남아 있는 배송팀 주임 자리를 대리로 격상시켜 기사들 중에서 가장 성실한 사람에게 맡기기로 했다는 공표가 있었다. 그제야 나는 김 기사의 소행이 무엇을 뜻하는지를 알 수 있었다.

어차피 쫄따구에다 찍힐 대로 찍힌 나는 밑져야 본전이었다. 생각할수록 그깟 보잘것없는 당근과 채찍을 들고 사람을 부리는 야비한 수작에 부아가 치밀었다. 본사에서 임대해준 공장 인근의 아파트에서 소장과 함께 기거하고 있는 사무실 김 대리에게 아파트 동, 호수를 물었다.

"○○아파트 108동 604호라고?"

"예. 근데, 그건 왜요?"

"음, 내가 면담을 다 못 했거든."

그 길로 나는 술자리를 박차고 나와 한달음에 아파트를 찾아 올라갔다. 현관문을 주먹으로 쾅, 한 번 때리고 발로 두 번 걷어찼다. 소장이 문을 빼꼼히 열었다.

"이야기 좀 합시다!"

나는 다짜고짜 현관문을 밀고 들어갔다.

"무슨 일인가?"

소장은 파자마 바람으로 잠이 덜 깬 눈빛이었다. 그런데 아무리 취중이라지만 소장의 얼굴이 아주 낯설었다. 내가 집을 잘못 찾아왔나? 어리둥절해서 다시 소장을 똑바로 쳐다보았다. 그는 평소 하이칼라형의 단정한 머리에 한쪽으로 가르마를 타고 있었는데, 지금은 앞뒤꼭지가 훤칠한 웬 대머리가 내 앞에 앉아 있었다.

"소장님 맞어요?"

"맞어……. 나 가발이여!"

나는 푸하하핫, 그만 웃음을 터뜨리고 말았다. 그도 계면쩍게 민

머리를 손으로 쓸어 넘기며 웃었다.

"이거, 아무한테도 안 보여준 겨. 같이 살고 있는 김 대리도 안즉 몰라."

그가 끓여준 차를 마시고 나는 몇 번인가 거실 바닥을 내리쳤다. 그러면서 어느 결엔가 쌓였던 분기가 슬며시 풀렸다.

"알았네. 앞으로 뭔 일이든 할 말 있으면 하라고. 어차피 내 동생 뻘인데 형으로 생각하고!"

형? 김 기사와는 한 살 차이로 형, 동생을 가리려고 싸웠던 판에, 하물며 소장과 나는 띠동갑이니 형님도 큰형님이 분명했다. 그러니 말 나온 김에 '알겠습니다. 형님!' 넙죽 엎드려 절이라도 공손히 올릴 것을⋯⋯.

넌지시 진급 언질을 받고 하루 두 탕, 세 탕씩 열나게 뛰던 김 기사는 결국 1월 초에 발표된 인사에서 대리는커녕 주임 진급도 하지 못했다.

"기사들이 원체 싸가지가 없어서⋯⋯."

김 대리가 전해준 말에 따르면, 소장이 사무실 회의 시간에 내가 술에 취해 소장의 아파트를 찾아간 사건을 두고 가발이 뒤로 벗겨질 만큼 핏대를 세웠다고 했다. 기사들을 다 내보내고 전부 신입 사원으로 채용하겠다고! 물론 나는 기회 있을 때마다 소장의 공공연한 비밀을 두고두고 입에 올렸다. 참으로 옹졸한 형님 같으니⋯⋯.

— 임성용, "형이라고 해!", 〈삶이 보이는 창〉 73호(2010년 3, 4월호).

글이 아주 파닥파닥 살아있다. 서로 나누는 대화를 바로 옆에서 듣고 있는 듯 생생하다. 배달을 마치고 잠깐 쉬는 참에 피시방에 앉아 썼다는 게 믿기지 않을 정도다. 순간순간을 기록하지 않았다면 나올 수 없는 살아있는 표현들이 읽는 사람을 사로잡는다.

일을 하거나 화장실에서 볼일을 볼 때, 때론 출퇴근 버스 안에서 불현듯 떠오르는 생각이 있을 거다. 대부분 그 생각을 '나중에 글로 써야지' 하며 기억 속에 남겨 둔다. 하지만 그날 밤 종이를 꺼내 글로 옮기려고 하면, 머릿속에서만 맴돌 뿐 좀체 나오지를 않는다.

짬짬이 적는 습관은 글쓰기를 몇 배로 쉽게 만든다. 오늘 당장 작은 수첩 하나를 호주머니에 챙기자. 글은 책상에서 나오는 게 아니다. 삶 곳곳에서 기약 없이 터져 나온다.

남과 다르게, 나만의 눈으로

1970년대 열네 살의 나이로 청계천의 옷 만드는 공장에서 일했던 누이가 있다. 누이는 어린 여공들을 위해 삶을 불사른 한 청년(전태일)의 외침으로 만들어진 청계피복노동조합을 만난다. 그곳에서 사람답게 살아보려고 피 터지게 싸우다 감옥에도 갔다. 그 누이가 검정고시를 통과해 대학생이 되었다. 어느덧 누이의 나이는 쉰이 넘었다.

며칠 전, 누이가 사무실로 찾아왔다. 할 말이 있는 듯 내 주위를 맴돈다. 쉽게 입을 열지 않고 주저주저한다.

"뭔 일 있어요?"

내가 먼저 물었다.

"나 글 쓰는 법 좀 가르쳐줘."

사연은 이렇다. 대학교에서 내주는 과제나 시험은 글로 쓰는 게 많다. 짧게 답만 쓰는 게 아니다. A4 용지 3쪽 이상, 이런 식이다. 아무리 책을 열심히 읽으며 준비해도 막상 글로 쓰면 몇 줄을 넘기지 못한다. 결국 누이의 올해 학점이 엉망이다.

"일단 과제물 쪽수라도 맞추게 글을 길게 쓰는 법 좀 알려줘. 이런 식으로 새 학기를 맞이했다가는 또 학점이 엉망일 텐데……."

누이의 걱정이 이만저만 아니다.

글을 길게 쓰는 법. 교수님 맘에 흡족하게 쓰는 법. 솔직히 내 능력 밖의 일이다.

10년 넘게 '정답' 쓰기 훈련에 길든 새파란 청춘들에 맞서, 당장 이들을 누를 수 있는 글을 쓰는 방법이 어디 있겠는가? 그것도 짧은 시간에 말이다.

"급하게 말고 천천히 해보죠. 우선 쓰신 글들을 제가 먼저 볼게요. 함께 읽으며 어디가 막혔는지 찾다 보면 의외로 쉽게 방법을 찾을 수 있어요. 그리고 오늘부터 짧게라도 일기를 쓰세요."

나는 이 누이가 어느 누구보다 빠른 시간 내에 제대로 된 글을 쓸 수 있을 거라고 믿는다. 누이가 살아온 삶, 70년대 개발독재 시절부터 몸으로 겪은 삶이 글로 터져 나오기만 한다면 말이다.

마냥 그 시간을 기다리게 할 수 없어 한마디 했다.

"다른 학생들과 비슷하게 쓰지 마세요. 삐딱하게 쓰세요. 밤샘 일을 하며 미싱을 밟던 어린 여공의 눈으로 써봐요. 나만이 볼 수 있는 눈, 그 눈으로 대학 교재를 읽어보세요."

남이 하지 않는 말을 찾는 것이, 책 내용을 암기하는 것보다 빠르다. 그게 책에서 요구하는 '정답'은 아니라 할지라도. 남과 다르게, 나만의 눈으로 답안지를 써낼 때, 진짜 대학생이 써야 할 '제대로 된 답'이 나온다. 교수다운 교수라면 아직 '정답'은 아니지만, 앞으로 제대로 된 답을 쓸 가능성이 있는 그 학생에게 학점을 듬뿍 줄 것이다.

글쓰기를 할 때, 일부러 남과 다르게 생각하는 연습을 할 필요가 있다. 1+1이 2가 아니라 0이나 3이나 100일 수는 없을까? 사회문제를 바라볼 때도 마찬가지다. 이렇게도 저렇게도 생각하다 보면, 어느 순간 내 생각이 자리 잡는다. 주입된 생각을 앵무새처럼 되풀이하는 대신, 나만의 답안지를 써낼 수 있다.

엉뚱하게 보고, 비딱하게 보고, 뒤집어 생각하자. 교재 속의 내용만이 아닌, 교재 밖의 생각을 찾자. 나만의 눈을 갖게 되면 몇 줄 쓰려고 끙끙거리던 과거는 사라진다. 어느새 주어진 과제물 쪽수를 훌쩍 넘기게 될 것이다.

다음은 〈한겨레〉에 실린 칼럼이다.

(앞 줄임) 지난 주말 텔레비전 주말드라마에서 어떤 며느리가 명절날 시집에 안 가고 친정 제사 했다고 인터넷상에서 비난 여론이 비등했다. '개념 없는 며느리' 라느니 '같은 며느리 입장에서도 너무했다' 는 등 비난 여론 일색이었다고 한다. 난 얼핏 '참으로 개념 있는 여성' 이라고 생각했다. 시집에는 제사 지내고 음식 장만할 사람이 여럿 있는데 친정에는 제사 지낼 사람이 그 여성뿐이라면 당연한 일 아닌가 싶어서였다. 작가가 어떤 의도로 그런 며느리를 그

렸는지는 모르지만 문제 제기라는 측면에서 논의를 발전시켜 나갈 필요가 있을 것 같다.

제사라는 것이 사전적으로는 조상의 음덕을 기리고 공경하는 것이라고 되어 있다. 그러나 제사를 지내는 기본 이유는 실은 산 사람을 위한 것이라는 게 내 생각이다. 죽은 사람 먹으라고 하는 음식도 아니고 산 사람 먹자고 하는 것이고, 후손들이 모여서 음식을 나누어 먹고 가족 간의 단란하고 화목한 모습을 보여주면 조상님 혼이라도 내려다보며 흐뭇해하시겠지 하는 마음으로 차려야 하는 것이라고 본다. 죽은 사람 때문에 산 사람들이 갈등하는 것은 조상 보기에도 민망한 일이다.

아들딸 구별 않고 둘만 낳았던 내 친구들은 지금 아들딸 구별 말고 재산도 남기고 아들딸 구별 말고 제사도 똑같이 지내도록 하는 전통을 새로 만들어가고 싶어 한다. 제사의 형식도 바꾸어가야겠지만 우선 아들 가진 부모들이 앞장서서 며느리 집안의 제사와 내 집 제사를 공평하게 하는 새로운 전통을 만들어가자고 하고 있는 중이다.

—김선주, "제사도 아들딸 구별하지 말고……", 〈한겨레〉 2010. 2. 8.

제사와 여성에 대해 쓴 글들은 많다. 김선주 칼럼이 내 눈을 사로잡은 까닭은 여성의 고통만을 푸념하듯 쓰지 않았기 때문이다. 제사와 여성? 또 그런 글이겠지 싶었는데, 내 생각을 살짝 비틀었다.

여기 나만의 삶을 찾아가는 청소년의 글도 있다.

(앞 줄임) 나는 왜 홈스쿨링을 하게 되었을까? 그건 내게 '꿈'이 있고 학교에서는 그에 관련된 기술을 가르쳐주지 않기 때문에? 학교에 적응이 되지 않았기 때문에? 특별한 어떤 소수자가 되고 싶었기 때문에? 아니다. 난 딱히 하고 싶거나 잘하는 게 없다. 그것 때문에 더 아팠고 힘들었으며 홈스쿨을 할 자신이 없었다. 그러나 난 경험을 하기로 했다. 더 많은 경험과 더 넓은 세계를 보기 위해서, 틀에 갇혀 있기보다 넓은 시선을 가지기 위해서다. 주변에서는 용기 있다, 대단하다고 말하기도 하지만 결코 그렇지 않다. 말했듯, 내가 대단한 사람이어서 홈스쿨링을 택한 게 아니라 그것도 하나의 선택일 뿐이다. 비록 좋은 선생님들과 친구들, 그리고 수업 때문에 이 길을 선택하는 게 쉽진 않았지만 난 홀로서기를 하기로 결심했다. 집에 있으면 게을러지고 나태해지는 성격 때문에도 쉽진 않았지만 난 의지를 갖기로 결심했다.

이제 나는 새내기 홈스쿨러가 되었다. 홈스쿨은 딱히 뭐라고 정해져 있지 않기에 홈스쿨러로서 살아가는 방식이 저마다 다를 것이다. 난 〈민들레 사랑방〉의 소모임, '자유로운 글쓰기'와 '스스로넷 미디어 스쿨'을 다닌다. 〈연구공간 수유＋너머〉의 '월요학교' 또한 좋아 보였지만 나중에 하기로 결심했다. 이런 나에게 할머니께서는 어렸을 때부터 항상 서울대 가라, 의사가 되라고 하셨기에 처음에는 여러 소리를 하셨지만 지금은 '그래서 기술 배우는 거냐?'라며 내 선택을 어느 정도 인정해주신다.

그러나 나는 무척이나 당혹스러웠다. 홈스쿨링을 하면서 책임감이나 스스로 해야 할 게 많다고 생각했기에 각오를 하고 있었는데 처음이라 그런 것인지 선생님들이 잘 챙겨주시는 게 보인다. 그래서인지 학생들이 철없어 보인다. 스스로 어떠한 일을 맡기 싫어하고 결정적으로 회의를 정말 못한다. 이야기가 딴 데로 새거나 딴 얘기를 한다. 진행이 안 되고 아무래도 상관없는 것처럼 있거나 귀찮아서 안 오는 게 이해되는 분위기다. 그만큼 소소한 것, 혹은 당연한 것을 가지고 회의를 해서 그럴지도 모르지만. 혹시 열정적으로 토론에 참여하는 사람을 보고도 인정을 받고 싶어서, 혹은 딴죽을 걸고 싶어서 그런 것 같아 보이는 것은 내 문제일까? 솔직히 난 이우에 있었을 때도 가끔 애들이 철없어 보였다. 사춘기였을 때는 애들이 떠들어서 선생님이 화냈는데, 바로 돌아서서 웃는 사람에게 화가 나서 혼자 앉아서 쉽게 가라앉지 않는 분을 풀 때도 많았다. 이런 내 성격이 그들을 그렇게 보는 것일까?

검정고시 학기라 열정적으로 공부하고 있는 애들에게 '난 뭐 하고 있지?'라는 초조감을 가끔 느끼지만 열심히 살아가는 중이다. 새로운 학교와 대인관계에 처음에는 어색했지만 지금은 어느 정도 적응해나가고 있으며 긍정적으로 살려고 노력 중이다. 한 언니가 청소년증 문제로 어떤 사람이랑 싸웠다고 한다. 학생증이 아니라고, 청소년인데 학교 안 가는 사람은 학생이 아니니까 당연히 어른

요금 내야 하는 거 아니냐고 했단다. 20분의 실랑이 끝에 뒤에 기다리는 사람으로 인해서 이번 한 번만 봐준다고 했지만 정말 너무했다. 홈스쿨링을 하는 사람들 또한 존중해줬으면 하는 바람이다.

—박현운, "나는 학생이 아니다", 〈삶이 보이는 창〉 68호(2009년 5, 6월호).

　나만의 생각 찾기.

　제대로 된 글쓰기를 하려면 반드시 거쳐야 할 과정이다. 다르게 생각하면, 세상이 바뀌기 때문이다. 이제 내 주변의 친근하고, 작고, 사소한 일부터 다르게 생각하며 글을 쓰자.

친절한 독자는 없다

어떤 책을 읽으면, 글이 빌빌 꼬인다. 앞뒤 문장을 퍼즐처럼 맞춰야 무슨 말을 하는지 겨우 알 수 있다. 현재 이야기를 하는지, 지난날의 이야기를 하는지, 도무지 알기 어렵다. 사람의 정신을 집중시키는 것이 아니라 쏙 빼 간다.

'아, 이 말을 하려고 했구나!'

글 말미에 가서 깨달을 수 있다면 그나마 다행이다. 끝까지 읽어도 아리송한 경우도 있다. 뭔가 읽은 것 같은데, 뭔가 좋은 말을 한 것 같은데, 찝찝하다.

글은 친절해야 한다. 읽는 사람이 끝까지 읽을 수 있도록 친절하게 안내해야 한다. 요즘 사람들, 성격이 급하다 못해 더럽다. 까딱 잘못하다가 한 대 쥐어터진다. 이런 판국에 이리저리 헷갈리는 골목길을 오가게 글을 쓰면 친절하게 읽어줄 독자는 없다.

"친절한 글은 있어도 친절한 독자는 없다."

이 말을 새겨두면 도움이 된다.

글은 글쓴이의 마음씨를 닮는다. 꼭 너처럼 썼네, 이런 말을 한다. 글에는 글쓴이의 품성이 담긴다. 물론 글재주가 좋은 사람은 생긴 것 같지 않게 잘 꾸미기도 한다. 하지만 갓 글을 쓰기 시작한 사람이 소설가처럼 재주를 부릴 수는 없다. 별수 없이 자기 생긴 대로 쓴다.

좀 무뚝뚝하고 성깔이 사납더라도 글을 쓸 때는 친절해지는 연습을 하자. 친절해서 손해 볼 일은 없다. 사랑에 대해 자주 글을 쓰면 "사랑해"라는 말이 자연스럽게 나온다.

이처럼 글쓰기는 사람의 성격을 바꾼다. 끊임없이 자신을 돌아보게 한다. 자신의 장점을 찾거나 성격의 단점을 고칠 수 있다. 글에는 자신의 사는 꼴만이 아니라 성격까지 고스란히 드러나기 때문이다.

친절하게 글을 쓰면 친절한 사람이 된다. 친절한 사람이 많은 땅이 행복한 세상이다. 학생을 공부의 노예로 만드는 학교, 직원을 종처럼 부리는 회사, 국민을 자신의 엄지발가락에 낀 때처럼 여기는 권력자가 사라진다. 학생에게 친절한 학교, 직원이 사람대접 받는 회사, 국민이 행복한 나라가 만들어진다. 아름다운 사회를 앞당기려면 친절하게 쓰자.

될 수 있으면, 시간의 흐름대로 차근차근 이야기를 풀자. 글이 과거와 현재를 넘나들어도 잘 읽히는 경우가 있다. 하지만 처음 글을 쓰는 사람에게는 어려운 일이다.

시간을 넘나드는 일은 생각처럼 쉽지가 않다. 영화처럼 타임머신을 타고 뾰로롱 과거로 가서 이야기를 하다가 다시 타임머신을 타고 뾰로롱 하며 미래에 탁 떨어지는 일을 글로 쓰려면 얼마나 힘들겠는가. 영상에서는 안개를 뿜고, 우주 공간의 별을 헤집고, 도깨비방망이를 사용한다. (물론 영상도 이 과정이 쉽지 않다.) 글에서 안개를 뿜을 생각을 해보자. 쓰기도 전에 골치가 아파오는데 친절하게 쓰기가 가능이나 하겠는가.

예쁘게 말해야 친절한 글을 쓸 수 있다.

이주노동자들이 한국에 와서 처음 배우는 말이 욕이라고 한다. 뜻은 몰라도 들으면 불쾌하기 때문에 욕이라는 걸 금방 안다. 참 부끄러운 일이다. 부드럽게 웃으며 조용히 욕을 해도 눈치를 챈다. 욕은 뜻이 아니라 느낌으로 안다.

쌍시옷이 들어간 말만 욕인 건 아니다. 듣는 사람을 기분 나쁘게 하는 말도 욕이다. 글도 마찬가지다. 읽는 사람의 마음을 상하게 하는 글은 욕이 된다.

예쁘게 말할 때 사회도 아름다워진다. 칭찬만 하자는 말이 아니다. 알랑방귀를 뀌며 아부하는 글을 쓰자는 말도 아니다. 비판을 하더라도 상대방에게 비난이나 욕으로 들리지 않게 하자는 것이다.

바짝 성이 났는데 좋은 말, 예쁜 말이 어떻게 나오겠느냐고 따질 수도 있다. 욕이 나오면 하는 게 당연하다. 다만 욕을 하더라도 제대로 하자는 것이다. 욕도 제대로 하면 아름다운 시가 될 수 있다. 하지만 쌍시옷만 늘어놓으면, 그건 욕일 뿐 글이 아니다. 이렇게도 욕을 하는구나! 읽는 사람이 감탄하도록 예쁘게(?) 욕을 해야 한다. 굳이 글쓴이가 나서서 욕을 할 필요도 없다. 욕을 하게 배후조종을 하는 거다. 독자의 마음을 움직여야 제대로 욕한 글이다.

소리 내어 읽어보기

말을 글로 옮기듯, 글다듬기도 입으로 하는 게 좋다.

자기가 쓴 글을 소리 내어 읽는다. 소리 내어 읽다 보면, 잘 읽히지 않고 머뭇거리게 되는 부분이 있다. 어색하고 말이 되지 않는 곳도 있다. 읽기만 해도 숨이 차거나 앞 문장과 이어지지 않고 다른이야기로 넘어가는 문장도 있다. 말이 자연스럽지 않은 바로 그곳을 고쳐야 한다.

입으로 읽을 때 술술 읽히는 글보다 좋은 글은 없다. 글의 내용이나 깊이를 떠나 자신의 글이 술술 읽힌다면 첫걸음을 훌륭하게 내디딘 것이다.

고치는 방법도 쉽다. 자꾸 입에 걸리는 부분을 되풀이해 읽다 보면, 입에서 다른 말이 나온다. 그러면 다르게 나온 그 말로 글을 바꾼다. 그리고 다시 읽는다. 그래도 어색하면 다른 말로 계속 바꿔본다. 읽을 때 자연스럽게 다음 문장으로 넘어가면 성공이다. (계속 다른 말로 고쳐도 술술 읽히지 않고 어색하면, 그 문장이나 문단을 아예 지워라. 군살일 가능성이 높다.)

글을 읽다 보면, 분명 자신이 썼는데도 고개를 갸웃거리게 되는 부분이 있다. "이게 뭔 말이야?" 이때도 자신이 이해할 수 있게 친절히 설명하면 그만이다.

문장이 끝나지도 않았는데, 숨을 헐떡거리게 되는 부분도 있을 것이다. 그곳도 고쳐야 한다. 문장을 너무 길게 썼거나 필요하지 않은 수식어를 여러 개 써서 그렇다. 길면 문장을 둘이나 셋으로 나눈다. 자신의 마음을 절실하게 나타내려고 갖다 붙인 수식어들은 지운다. 감정이 절제될 때, 오히려 절박한 심정이 잘 전달된다. 수식하려고 하지 말고, 그 모습을 담담히 그려주는 게 더 좋다.

'진짜 정말로 최고로 짱이다.'

요런다고 짱이 되는 건 아니다. 누구나 느낄 수 있게 사건을 통해 이야기해주면 된다.

다음을 소리 내어 읽어보자.

초 · 중등 교육 현장에서 교사의 폭력성 체벌로 여러 차례 문제가 제기되었고 이런 현실을 개선하기 위하여 진보 성향의 교육감을 당선시킨 지자체에서는 학생의 인권이 학교교육과정에서 실현될 수 있도록 함으로써 인간으로서의 존엄과 가치 및 자유와 권리를 보장

하는 것을 목적으로 하는 학생인권조례를 제정하여 체벌금지의 제도적 틀을 마련하였다. 그러나 정부는 이러한 지자체의 움직임에 힘을 실어주지 않고 관망하는 듯하고, 그러는 동안 일부 학교에서 교사의 체벌은 여전히 관행적, 습관적, 감정적이고 즉결처분 식으로 이루어지고 있어 지자체의 조례 규정만으로는 학생인권 신장이라는 시대사적 가치를 실현하기에 역부족인 것 같다.

이 글에 마침표는 단 두 곳뿐이다. 읽는데 숨이 차다. 쉴 틈이 없다. 미처 한 문장을 읽기도 전에 앞서 무슨 이야기가 나왔는지 고개를 갸웃거리게 된다.

진보 성향의 교육감이 당선된 곳에서 학생인권조례가 만들어졌다. 학생인권조례는 인간의 존엄과 가치 및 지위와 권리 보장을 목적으로 지니며 학교 체벌을 금지하고 있다. 하지만 지자체의 조례만으로 학교에서 체벌이 사라지기는 역부족이다. 중앙정부의 관망으로 일부 학교에서는 여전히 체벌이 이루어지고 있다.

입으로 되풀이해 읽으며 글을 고쳤다. 글의 양은 반으로 줄었고, 문장 수는 배로 늘었다. 훨씬 이해하기가 쉽다.

'꼭 할 말만 하자.'

'문장을 나눌 수 있을 때까지 나누자.'

한 문장에 한 가지 이야기만 하자는 말이다. 덧붙이는 말, 설명하는 말이 필요하면 마침표를 찍고 다시 시작한다. 보통 문장을 길게 쓰는 일(만연체, 복문)이 어렵다고 생각한다. 하지만 글을 쓰다 보면 짧게 쓰는 일(간결체, 단문)이 훨씬 어렵다는 걸 깨닫는다.

문장을 끊어야 하는데 끊지 못하는 경우가 있다. 문장을 과장해서 꾸미려고 하거나 자신이 말하려고 하는 게 무엇인지 정리가 되지 않았기 때문이다. 자신 있게 말할 수 있는 내용은 구질구질한 수식어가 필요 없다. 솔직한 말은 구구절절 변명하지 않는다.

길게 말하면 괴롭다. 그 말을 듣고 있는 사람이 얼마나 지루한지 아는가? 무슨 말인지도 모르면서 안면과 예의 때문에 그저 고개를 끄덕이며 듣는 사람이 많다. 초등학교 조회 시간에 교장 선생님의 연설을 떠올려보면 알 거다.

'간추려 말하기.'

자신의 글을 살리는 비결이다.

또한 글은 실생활에서 늘 쓰는 우리말로 써야 잘 읽힌다.

강연은 너무 쉽고 재미있는데, 그 사람의 글은 무슨 말인지 좀체 감을 잡지 못할 때가 있다. 심지어 강연하는 사람이 자신의 원고를 읽다가 머뭇거리기도 한다. 읽어서는 이해가 되지 않는지 설명을 덧붙인다. 혀가 꼬여 더듬거리기도 한다. 글쓴이조차 혀가 꼬이는데, 그 글을 읽는 사람은 어떨지 상상해보라. 자신의 유식을 자랑하려고 쓴 글이 아니라면, 남에게 말하듯 알아듣기 쉽게 쓰자. 딱 아는 만큼만, 실생활에서 사용하는 말로 쓰면 된다.

쉬운 말로 쓴 글을 하찮게 여기는 사람들이 있다. '배우지 못한 놈들이 쓴 글이 이렇지' 하며 우습게 여긴다. 훨씬 알아듣기 쉬운데도 말이다. 사자성어를 쓰고, 말끝마다 '~적'을 달고, 꼬부랑꼬부랑 영어와 한자를 섞어 써야 글인 줄 안다. '달리기' 하면 유치하고 '조깅' 해야 교양인인 것처럼 말한다. 이는 자신의 영역을 빼앗기지 않으려고 장벽을 치는 행위다. 글을 독점하여 자신만의 권력을 쌓으려는 욕심이다. 바로 이 '유식'에 맞서 일하는 사람들이 글을 써야 한다.

'입으로 씨부렁거린 대로 나온 게 글일까?'

이제는 고민하지 않으리라 생각한다. 글을 가지고 가장 가까운 이에게 가라. 남편도 좋고, 애인도 괜찮다. 열서너 살 된 아들이나 딸이라도 좋다.

"내 글을 들어줘."

아이스크림을 하나 건넨 뒤 읽어줘라.

"무슨 말인지 모르겠다. 좀 더 자세히 말해줘."

이런 지적이 나오면, 대부분 글은 고치지 않고 자기변명을 한다.

"(주절주절 한참 설명하고 나서) 이런 뜻으로 쓴 거야."

말로야 그 사람을 이해시킬 수 있다. 하지만 소용없는 일이다. 앞으로도 일일이 독자들을 쫓아다니며 설명할 수는 없지 않은가? 말로 이해시킬 시간에 그 말을 글로 옮기는 게 낫다.

상대도 나와 똑같다. 그러니 읽어보라며 휙, 글을 던져주지 마라. 반드시 읽어주어야 한다. 눈으로 글을 읽으면 문법에 맞춰서만 지적한다. "맞춤법만 고치면 되겠네" 또는 "띄어쓰기가 틀렸네" 그런다. 마음씨 좋은 쌀집 아저씨라면 "좋네" 하며, 예의만 차리고 다시 글을 돌려줄 것이다.

'좋네' 와 '좋네!' 는 분명 다르다.

남의 글 베껴 쓰기

지금껏 글쓰기에 대한 이런저런 이야기를 주절주절 늘어놓았다.

무릎을 치며 "바로 이거야" 한 곳이 있을 것이고, "요건 아니야"라며 고개를 흔들기도 했을 것이다.

내가 이제껏 한 말이 맞느냐, 틀리느냐가 중요하지 않다. 글을 쓰는 데 도움이 됐다면 잘된 일이다. 아무리 좋은 말 같아도 도움이 되지 않았다면 생각에서 지우면 그만이다.

이 책은 내가 글을 쓰면서 느꼈던 생각이나 어려움을 함께 나누고 싶어 썼다. 또한 이러저러한 이유로 글을 자주 쓰니, 내가 간직해야 할 글쓰기 잣대가 필요했다.

이 글을 읽은 사람도 자신만의 글쓰기 원칙을 세우기 바란다.

여기까지 읽어도 글을 쓰려면 어려움에 부딪친다. 그래서 내가 터득한 마지막 비법을 소개한다.

바로, 베껴 쓰기다.

요것을 처음에 말해도 되는데 마지막까지 감춘 이유가 있다. 자신의 글을 스스로 찾았으면 하는 마음 때문이다.

훌륭한 작품을 처음부터 끝까지 베껴 적는 일보다 좋은 수업은 없다. 문장 쓰기나 창작법 교재를 들고 숱한 공부를 하는 것보다 한 편의 작품을 옮겨 적는 일이 훨씬 도움이 된다.

책을 읽을 때와 옮겨 적을 때는 차이가 있다. 읽을 때는 작가의 의도에 그냥 빨려 들어간다. 하지만 베껴 쓰면, 작가의 마음이 훤히 드러난다. 왜 작가가 여기서 이야기를 끝맺었는지, 왜 다른 이야기로 넘어갔는지, 왜 이 부분이 엉성했는지조차 고스란히 느낄 수 있다. 문장 공부도 따로 할 필요가 없다. 책 한 권을 베껴 쓰는 게 어떤 문장 공부보다 낫다.

옮겨 적을 때는 아무 생각이 없어야 한다. 작가의 의도를 파악하거나 분석하려고 애쓸 필요가 없다. 글은 머리가 아닌 습관이다. 말할 때 어법을 생각하지 않듯, 글도 베껴 쓰면 몸에 익숙해진다. 한 권을 쭉 써나가면 저절로 문장 쓰기나 얼개 짜기를 배울 수 있다.

어떤 책을 베낄까도 중요하다. 내가 옮겨 적은 책이 몇 권 있지만 굳이 소개하지 않겠다. 책을 선정하는 일도 글쓰기 공부 가운데 하나이기 때문이다. 번역 투, 지식인 투의 문장을 쓰지 않은 책, 가식 없이 자연스럽게 읽히는 책, 자신의 마음을 울린 감동이 깃든 책이라면 어떤 책이든 좋다.

책을 선택할 때는 자신이 쓰는 글과는 분위기나 느낌이 다른 책을 골라야 한다. 베끼기를 하는 이유가 무엇인가? 바로 자신의 부족한 점을 채우기 위해서가 아닌가. 자신의 글이 딱딱하다면 부드러운 글을 선택하는 식이 좋다.

옮기는 동안에는 지루하며 고통스럽고, 이게 무슨 도움이 될까, 숱한 의문이 든다. 하지만 한 권을 베껴 쓰고 글을 써보라. (한 꼭지나 부분이 아니라 한 권이다.) "아!"라는 감탄사가 절로 나올 것이다. 자신도 모르게 문장이나 표현법이 바뀌었다는 걸 깨닫는다.

베껴 쓰기가 최선의 방법은 아니지만 꼭 한 번은 거쳐야 할 과정이다. 자신의 문장이 맘에 들지 않을 때, 남의 글을 옮기면 큰 힘이 된다.

혹 시간 여유가 된다면 국어사전을 옮겨 적는 일도 좋다. 외우려고 하지 말고 그냥 베끼기만 해도 도움이 된다. 글을 쓸 때, 단어가 막혀 고생한 경우가 있을 것이다. 국어사전을 옮겨 적고 나면, 어떤 말을 사전에서 찾아야 할지가 수월해진다. 정확하게 단어의 뜻을 알고 쓰면, 글이 깔끔하고 맛깔스럽다. 자신이 쓸 수 있는 단어가 많을수록 글이 파릇파릇하게 살아난다. 베껴 쓰기가 힘들면, 잠자리에서 국어사전을 읽는 것도 괜찮다. 소설책 보듯 말이다. 국어사전을 읽으면 불면증이 사라지는 덤도 생긴다.

지금까지 내가 글을 쓰며 깨우친 것들을 소개했다. 미처 하지 못한 이야기도 있다. 하지만 여기까지 참을성을 가지고 읽었다면, 글쓰기에 어느 정도 자신감이 생겼을 거라 믿는다.

눈치챘겠지만 결론은 '네 멋대로 써라'다.

4교시

이것만 알면 나도 기자

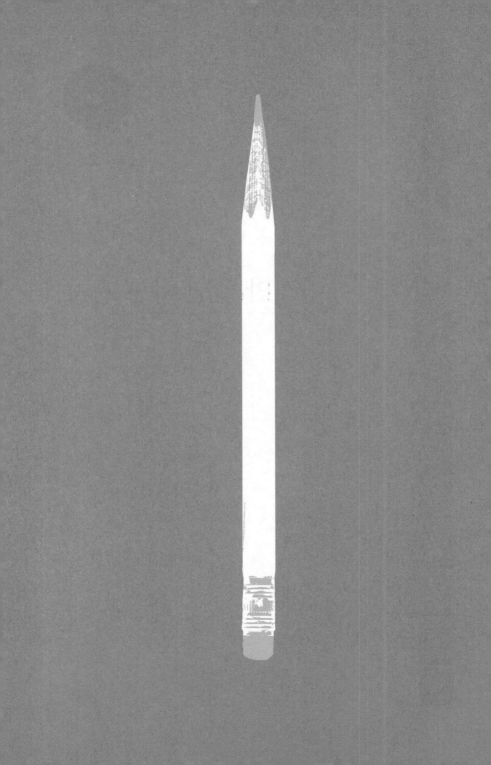

육하원칙이 다가 아니다

세상에 알릴 일들이 많다. 물론 알아야 할 일도 많다. 자신의 일도 있고, 남의 일도 있다. 일터의 일도 있고, 마을의 일도 있다.

알릴 내용을 만들 때는 사진이나 동영상, 글, 그림처럼 다양한 방식을 사용한다. 이를 신문이나 인터넷 언론, 블로그, 트위터처럼 여러 매체를 이용해 퍼뜨린다. 때론 선전물을 인쇄해 시민들에게 건넨다. 어떤 게 좋을까? 너무 많아 선택이 쉽지 않다.

신문에 실린 글의 갈래를 보자. 기사문, 칼럼, 주장, 해설, 인터뷰, 르포에 이르기까지 이름 달기 나름이다. 차근차근 갈래를 나눠 그에 맞게 쓰는 법을 설명하면 오죽이나 좋겠나. 하지만 내 힘이 거기에 미치지 못한다.

알림글의 얼개도 역삼각형, 모래시계형, 혼합형이니 해서 배울 것이 많다. 이걸 다 배우고 글을 쓰려면 그전에 지쳐 쓰러질 거다.

'스트레이트 기사로 쓸 것인가, 칼럼 형식으로 쓸 것인가?'

이런 문제는 그 갈래를 나눈 사람이 따질 일이다. 내가 고민할 문제는 아니다. 내가 쓴 글을 어떤 갈래로 볼지는 독자나 언론학자의 몫으로 남겨두자.

그냥 쓰자. 칼럼이면 어떻고 논설이면 어떤가. 역삼각형으로 썼으면 어떻고, 모래시계형으로 쓰면 어떤가. 굳이 갈래를 나눈 뒤에 글을 쓸 필요는 없다. 얼개를 짠 뒤에 쓸 필요도 없다. 어떻게 써야 올바로 쓰고, 제대로 전달할 수 있을까만 염두에 두면 된다.

요즘은 갈래의 경계를 무너뜨린 글들이 많다. 생활글인가 싶었더니 칼럼이고, 편지인가 싶었는데 보도문이고, 소설인가 싶었는데 르포다. 틀에 갇힌 글보다 틀을 부수며 쓴 글이 늘고 있다. 그래서 글의 갈래를 나누는 일이 가끔 의미 없는 일이라고 여겨진다.

알림글은 '육하원칙'에 맞춰 써야 한다. '누가, 언제, 어디서, 무엇을, 어떻게, 왜' 했는지가 글에 갖춰져야 전달이 정확하다. 하지만 육하원칙이 모두 들어갔다고 해서 완벽한 글이 되는 것은 아니다.

일간지를 비롯해 숱한 언론들이 이 원칙에 충실하게 보도 기사를 쓴다. 하지만 원칙을 지켰다고 그 기사들이 제대로 된 기사일까? 때론 시민들이 알아야 할 것을 감추려고 기사를 쓰지 않는가. 언론이 소통이 아니라 주입의 도구로 쓰이기도 한다.

어디 언론뿐인가? 대통령도 라디오 연설에서 거짓을 참처럼 꾸며, 국민들의 눈과 귀를 어지럽히는 세상이다.

다음은 대통령 라디오 연설의 거짓을 조목조목 밝히고 있는 〈한겨레〉 기사다.

이명박 대통령은 30일 오전 라디오 연설에서 이렇게 말했다. "연봉 7,000만 원을 받는다는 근로자들이 불법파업을 벌이는 안타까운 일이 벌어졌습니다. 평균 2,000만 원도 채 받지 못하는 비정규직 근로자들이 아직도 많습니다. 그 3배 이상 받는 근로자들이 파업을 한 것입니다." 지난 5월 24일 회사 쪽이 파업도 하기 전에 단행한 직장폐쇄로 합법파업을 벌이다 줄줄이 연행된 유성기업 이야기다.

대통령이 언급한 이들의 '연봉 7,000만 원'은 가짜다. 금융감독원 전자공시시스템에 공시된 유성기업 사업보고서에 따르면, 2010년 12월 말 현재 재직 중인 유성기업 직원 744명의 1인당 평균 급여는 5,710만 원(평균 근속연수 15.7년)이다. 실제로 유성기업에서 30년 일한 한 노동자는 〈한겨레〉와 한 전화통화에서 주간근무에 한 달 80시간 잔업을 꽉 채워서 받은 연봉이 6,200만 원(세전)이라고 말했다. 대통령이 말하는 이른바 '연봉 7,000만 원'은 월 80시간의 잔업·밤부터 다음 날 오전까지 일하는 야간근무와 주간근무를 격주로 번갈아 하는 '가혹한 노동'의 결과이지만 대통령은 이 대목을 외면했다.

이어 이명박 대통령은 '노사상생'의 중요성을 언급하며 한 회사의 예를 들었다. 발레오전장 경주 공장이다. 이 대통령은 "작년 발레오전장 경주 공장도 같은 일이 벌어졌습니다. 이 기업의 평균 연봉이 7,000만 원이 넘었지만 회사는 적자를 보고 있었습니다. 상습 파업이 계속되자 해외 투자자는 국내 공장 문을 닫고 철수하기로 했습니다. 다행히 문 닫기 직전 노조는 극적 상생의 방향을 택했습니다. 작년 매출이 이전 3년 평균보다 36퍼센트나 늘었다고 합니다. 당기 순이익도 2년 연속 적자에서 벗어나 창사 이래 최대인 400억 가까운 흑자를 기록했습니다"라고 말했다.

그러나 이 또한 허구다. 자동차 부품 회사인 발레오전장 경주 공장 앞에서는 현재 28명의 노동자들이 천막을 짓고 1년 3개월째 농성 중이다. 지난해 2월 16일 회사가 일방적으로 '직장폐쇄'를 단행한 뒤 시작된 천막농성은 500여 명에서 시작해 아직까지 28명이 진행 중이다. 이들 28명은 복귀를 회유하는 회사 방침에 불복하다 해고(15명) 또는 정직(13명)당했다. 정직 노동자들에게는 '3개월 정직' 처분을 무한 반복 중이다. 3개월 정직시키고 3개월이 지나면 1주일 뒤 다시 같은 '3개월 정직'을 내리고 있다.

애초 시작은 간단했다. 프랑스 자본인 발레오는 지난 2009년, 세계금융위기 이후 한국에 있는 4개 지사에 15퍼센트 인력 감축계획을 세웠다. 노동조합은 이를 받아들이지 않았다. 그러자 회사는 경비 노동자 5명을 우선 용역 전환하는 안을 세웠다. 노동조합은 '경비 노동자와 일반 노동자는 다름없다'며 '경비 노동자의 용역 전환은 결국 인력 감축과 외주화의 시초'라며 이를 반대하며 태업을 벌이다 사측이 기습적으로 직장폐쇄를 단행했다. 이후 노조는 파업을 벌였지만 용역 경비가 회사 전체를 점령한 상태에서 사측이 회유를 통해 노조원들을 복귀시켰고 회사의 영향력 아래 새로운 노조가 만들어졌다.

지난해 7월 26일 해고된 정연재 발레오전장 경주지회장은 "새로 만들어진 노동조합은 이전 노조가 2009년 사측과 임금협상을 통해 이룬 기본급 인상분, 호봉승급분을 고스란히 반납해 1인당 평균 1,500만 원가량의 수당을 반납했고, 정년을 60살에서 58살로 낮추고, 55살부터 58살까지 임금피크제를 시행하는 데 동의해 70여 명이 추가로 회사를 그만뒀다"며 "현재 28명의 노동자가 여전히 농성 중이며, 노동조합이 힘을 잃은 발레오전장 경주지부는 '노사상생'의 사례가 아니라 '사장독재'의 사례"라고 말했다.

노동조건은 말할 수 없이 팍팍해졌다. 정연재 지회장은 "회사 안에는 지금 106명의 유휴인력이 있다"고 말했다. 회사가 보일러 관리 등을 자동화하면서 남는 인력들을 교육 · 풀 뽑기 · 청소 등을 시키며 놀리고 있다는 것이다. 정 지회장은 "회사가 정한 물량을 채우지 못하면 남아서 물량을 채우고 집에 가야 하고, 대통령이 말한 대로 지난해 400억의 흑자를 냈지만 올해 임금협상안은 백지로 회사 쪽에 위임하는 등 근로조건이 악화됐지만 노동자들이 불만을 이야기하지 못한다"며 "불만세력은 '유휴인력' 즉 '대기조로 보낸다'고 사용자 쪽에서 이야기하기 때문"이라고 말했다.

정진홍 민주노총 금속노조 경주지부 미조직비정규부장은 "유성

기업 노동자들의 파업은 불법성을 찾기 힘든 파업인데 '불법파업'
으로 일방적으로 규정하고, 발레오공조는 현재 회사가 최악의 노동
조건을 향해 치닫는 기차인데 역시 이를 '모범사례'로 언급했다"며
"대통령이 그렇게 한쪽만 바라보고 왜곡된 사실을 전달하고 있다
는 데 분노를 느낀다"고 말했다.

—박수진, 'MB가 말한 '노사상생 기업' 애기는 '허구' 다',

〈한겨레〉 2011. 5. 30

　　미국이 여러 나라의 군대를 끌고 가 이라크에 폭탄을 쏟아 부었다.
몇 년이 흘렀어도 아직 이라크에서 대량 살상 무기를 찾지 못했다.
당시에 세계 언론들은 육하원칙에 충실하게 기사를 썼다. 그럼 그 기
사들은 정확한 보도기사였을까? 제대로 된 소식이었을까?

　　언론들은 몇몇 통신사가 사실과 원칙에 충실한 기사를 빙자해 전
세계로 퍼뜨린 전쟁소설을 베껴 쓰기에 바빴다. 사실에 가까운 이야
기는 언론 밖에서 터져 나왔다. 육하원칙에 충실하지 못한 글이나 영
상이 인터넷에 떠돌아다녔다. 그곳에 기자들이 알리지 않은 사실이
있었다.

　　때론 글에서 날짜가 빠져도 괜찮다. 핵심은 꼭 알려야 할 것을 제
대로 전달하는 데 있다. 시간이 빠져도 무슨 일인지 알 수 있으면 그
만이다. 가끔 '왜'나 '무엇이'가 없어도 글이 된다. 주어가 없는 문장
이 있으면 어떤가? 읽는 사람이 알아야 할 것을 전달했다면 그것만
으로도 충분하다. 육하원칙 따지다 정말 써야 할 것을 놓치고 만다.

육하원칙은 기사의 구성법이 아니다. 글을 쓰는 이가 지녀야 할 원칙이다. '언제'는 시간이 아니다. '어디서'는 장소가 아니다. '언제 써야 할지, 무엇을 써야 할지, 어떻게 써야 할지, 어디서 써야 할지, 누굴 써야 할지, 왜 써야 할지'를 말한다.

알려야 할 것을 제대로 전달하는 게 진짜 언론이다.

오죽이나 자신의 처지를 알릴 방법이 없으면 90일 넘게 단식을 하겠는가? 얼마나 들어주는 사람이 없으면 올림픽대교 꼭대기에 오르고, 수만 볼트 고압 전류가 흐르는 철탑에 오르겠는가? 사회의 엘리트들이 공정의 이름으로 쓴 기사들이 얼마나 답답했으면 자신의 몸에 기름을 붓는 사람이 생기겠는가?

육하원칙이나 글의 갈래를 배우려고 하기 전에, 알려지지 않은 목소리를 찾는 것이 먼저다. 저 우물 밑바닥에서 웅웅 울고 있는, 우물 밖에서는 들리지도 않는 신음. 바로 그 목소리를 찾으려는 노력이 필요하다. 이 정신이 있다면 충분히 뛰어나고 멋진 알림글을 쓸 수 있다.

이제 한 꼭지 한 꼭지 내가 기자 생활을 할 때의 기억을 되살려 알림글, 기록글 쓰는 법을 함께 나눈다.

첫 문장에서 마음을 사로잡자

글은 시작이 중요하다. 첫 문장이 눈길을 끌지 못하면 읽지 않고 넘어가는 경우가 많다. 내가 아는 한 소설가는 이야기 구성을 다 짜놓고도 첫 문장을 만들지 못해 가슴앓이를 하며 몇 달을 보내고 있다.

나도 마찬가지다. 늘 첫 문장이 나를 붙잡는다. 그러다 첫 문장이 풀리면 일사천리다.

첫 문장은 사람의 얼굴과 같다. 내 글을 읽는 사람과의 첫 만남에서 호감을 줘야 한다.

첫 문장에서 결론을 앞세우는 사람이 있다. 주변을 맴도는 이야기로 시작하는 경우도 있다. 사람의 목소리를 내세우는 경우도 있고, 시와 같은 상징적인 말로 글을 여는 경우도 있다.

무엇이 좋을까?

물론 답이 없다. 하지만 내 글이 원고지 한 쪽이든 천 쪽이든 첫 문장이 독자의 관심을 확 끌어야 한다. 첫 문장은 긴 항해를 하는 배의 선장이다. 첫 문장이 이야기를 끝까지 이끄는 힘이다.

〈한겨레〉에 실린 칼럼이다.

　　노회찬 진보신당 대표가 첼로를 잘 켠다는 얘기를 들은 건 얼마 전의 일이다. 왜 '첼로를 켜는 노회찬'을 널리 알리지 않느냐는 물음에 그는 '향응 제공'이 된다며 웃어넘겼다. 무엇이든 잘하기보다는 좋아하고, 좋아하기보다는 즐기라던 공자님 말씀대로 음악을 즐길 줄 아는 이의 에두른 답변이었는데, 최근에 나온 책(『진보의 재탄생: 노회찬과의 대화』)에는 첼로 켜는 그의 모습이 표지에 실렸다. 그를 진보정당에 몸담게 한 게 촌철살인을 구사하는 의식보다 첼로를 즐기는 정서라고 보는 건 내가 지나치게 정서를 중시하는 탓일까.

　　그의 말대로 개인의 정치적 신념과 예술을 무조건 연결해서 해석하는 것은 옳지 않다. 하지만 그가 꾸는 꿈속에 "모든 국민이 악기 하나쯤은 연주할 수 있는 나라"가 담긴 건 우연이 아닐 것이다. 1979년 10월 27일 새벽, 박정희 대통령의 암살 소식을 전한 하숙집 주인과 이른 아침부터 말없이 소주를 연거푸 들이켰다는 그의 정서는, 말하자면 여럿이 함께 길을 가다가도 한둘에게 문득 멈추게 하는 그 무엇이다. 설령 "지금 내리실 역은 용산참사역입니다"라는 안내방송이 없더라도.

　　70년대 초, 아직 인터넷은커녕 복사기도 없던 시절, 필사로 옮긴 이와나미서점판 『공산당선언』이나 『모순론』, 『실천론』을 돌려가며 읽던 시절이 꿈같은데, 20여 년 만에 돌아온 땅에서 그때 깨알같이 쓴 대학노트를 공유했던 사람들 가운데 진보정당에 몸담은 이는 없었다. 그 흐름은 전대협 '의장님'들을 비롯한 반열들에게도 그대로 이어졌다. 세상과 세월이 살아남게 하는 것은 이념보다 이념 속에 감춰졌던 권력 지향의 욕망인 듯하다.

이념은 인간의 본디 정서를 바꾸지 못한다. 그러나 들썩워진 이념이나 욕망에 억눌렸던 본디 정서를 해방시킬 수 있다. 이른바 의식화가 중요한 이유는 이 점에 있다. 그래서 앞에 나서지 못하고 주위에서 서성대던 사람들 중 지배세력이 주입한 이념과 욕망체계에 의해 억눌렸던 인간 본연의 정서를 되찾은 사람들이 있다. 지금 진보정당에 몸담고 있는 사람들은 주로 그런 이들이 아닐까. 그래서 진보신당을 노회찬·심상정뿐인 '노심정당'이라고 말하는 것은 인간성 발현에 대한 모독이며 대부분의 경우 함께 가지 않는 자의 자기합리화에 지나지 않는다. 분단 상황의 엄중함이 살아있는 곳에서 집권 가능성도 먼 신생 진보정당에 얼마나 많은 사람이 모이겠는가. 명분과 실리의 황금분할이 가능하다고 믿는 약삭빠른 사람들이 찾는 곳은 분명 아니다.

지난 칼럼들에서 작은 차이도 중요하다면서 연합의 절실성을 강조했다. 경기도지사 선거에 나서는 심상정 진보신당 전 대표와 함께 노회찬 대표가 서울시장에 출사표를 던진다는 사실을 잘 알고 있던 터다. 민주정권 아닌 '민주당 정권' 10년을 경험하고도 '묻지마 연합'을 주장하느냐는 날 선 비판과 비난은 밟고 올라설 둔덕이 될 수 있다면 즐겁게 감당할 일이었고 그 정서들이 앞으로도 흔들리지 않기를 바랄 뿐이다.

그럼에도 누군가 말했듯이 '별일 없이' 살기 때문인가. 노무현 전 대통령의 뜻을 따르겠다는 사람은 많은데 정작 노 전 대통령이 깊은 회한처럼 술회한 '노동유연성 강화'에 관해 성찰하거나 발언하는 사람은 찾기 어렵다. 더 뻔뻔한 자들의 존재가 그들의 거의 유일한 존재이유인가. 계량적 합산으로는 한나라당 독주 구도를 흔들 수 없기에 내 깐에는 질적 변화가 결합되어야 한다는 점을 강조한 것이었는데 민주당에 건 기대는 감성 과잉이 저지른 오류에서 비롯된 것 같다.

첼로를 켜는 노회찬. 그 또는 그와 같은 정서의 소유자가 시청이나 국회, 또는 청와대에서 첼로를 켜는 모습을 꿈처럼 그려본다. 파블로 카살스나 로스트로포비치 같은 거장이 아니더라도 정치인이기에 멋지지 않은가.

— 홍세화, "첼로를 켜는 노회찬", 〈한겨레〉 2010. 2. 9.

'노회찬이 첼로를 연주할 줄 안다'는 사실을 알리려고 쓴 글이 아니다.

첫 문장을 읽은 독자는 노회찬의 연주 실력을 알고 싶었든, 아니면 연주회를 한다는 말인지가 궁금해서든, "노회찬 진보신당 대표가 첼로를 잘 켠다는 얘기를 들은 건 얼마 전의 일이다"라는 문장에 끌려 다음 줄까지 눈이 옮겨간다. 참 힘든 이야기, 골치 아파서 읽기 싫을 수도 있는 정치 이야기를 노회찬의 첼로 연주로 시작하여 단숨에 읽는 이를 사로잡았다.

  강한 이야기는 부드럽게, 말랑한 이야기는 억세게 문장을 시작하는 것도 좋다. 한 편의 글이 처음부터 끝까지 긴장으로 이어지면 읽는 사람이 불편하다. 읽는 사람이 숨을 쉴 수 있게 해야 한다. 이완과 긴장이 있어야 독자를 글에 푹 빠지게 할 수 있다.

첫 문장을 쓸 때 피해야 할 것

'어떤 문장으로 시작해야 읽는 이의 마음을 확 끌 수 있을까?'

참 어려운 질문이다. 누구도 쉽게 답을 줄 수는 없다. 스스로 고민하고 찾아야 할 과제다. 글을 쓴다면 평생 가지고 갈 숙제다.

우선 첫 문장을 쓸 때 피해야 할 몇 가지를 살핀다.

평범해서는 안 된다. 누구나 생각하는 문장으로 시작하면 실패다. 자신이 쓸 글의 내용과 주제를 아직 '자신의 것'으로 만들지 못했기 때문이다. 내용 파악이 덜 되어 그럴 수 있다. 인터뷰 글이라면 인터뷰가 충분하지 않아서다. 탐방 글이라면 취재가 부족했다는 말이다.

충분히 인터뷰나 취재를 했어도 첫 문장을 못 잡는 경우가 있다. 자신의 몸 안에서 내용이 무르익지 않았기 때문이다. 이때는 자신의 목소리로 숙성될 때까지 기다리자. 내가 왜 이 글을 쓰는지, 내가 이 글에서 하려는 말이 무엇인지를 차분히 정리하면 떠오를 거다.

과도하게 멋을 부리는 일은 피하자. 때론 글의 내용이나 주제와 전혀 생뚱맞은 말로 이야기를 시작하는 경우가 있다. 다만 멋져 보여서. 이는 평범한 첫 문장보다 못한 결과를 불러온다. 첫 문장의 무게에 눌려 글이 무거워진다. 이야기를 과장하거나 억지로 이어가야 하는 일도 생긴다. 자신이 글을 쓰는 게 아니라, 글에 자신이 끌려간다. 결국 지쳐서 결말이 보잘것없어진다.

남을 모방해서 쓰는 것도 문제다. 한때 '빵꾸똥꾸'가 유행해서 정치기사니 칼럼이니 너도나도 거기에 맞춰 글을 썼다. 〈선덕여왕〉이 관심을 끌 때, 〈추노〉가 인기일 때, 그 주제를 화두로 이야기를 끌어간다. 물론 읽는 이의 관심을 끌었던 글도 있다. 하지만 남들 한다고 쫓아 쓴 글 가운데 제대로 자신의 주제를 말하지 못한 경우가 많다. 독자 낚시질만 성공한 꼴이다. 눈길 모으는 일이 뭐 대단한가. (물론 세상의 눈과 귀가 집중된 화두로 이야기를 시작하는 것도 중요하다. 그러나 자신의 주제와 잘 맞아떨어져야 한다.)

지금껏 하지 말자만 말했다. 이제는 이래 봤으면 하는 제안이다.

남과 다르게 말 걸기다. 굳이 기자인 체, 작가인 체하며 쓸 필요가 없다. 노동자라면 노동자답게, 청소년은 청소년답게, 여성은 여성답게 이야기를 시작하면 좋겠다. 나만의 목소리로 첫 문장을 만들자.

거친 욕을 하며 글을 시작해도 괜찮다. 보도기사를 쓸 때, 아예 시를 한 편 소개하며 시작해도 괜찮다. 자신이 자신감 있게 글을 풀어갈 수 있는 문장이라면, 어떤 형식이나 원칙에 구애받을 필요가 없다.

다음은 자신의 생각과 색깔이 분명한 글을 쓰는 〈경향신문〉 이대근 편집국장의 글이다.

지방선거는 민주당이 앞장서 치러야 하는 선거가 맞다. 진보정당은 약하다. 민주당을 돕는 데 한계가 있다. 이길 수 없는 민주당을 승리로 이끌 힘은 없다. 민주당 스스로 이길 수 있게 준비하는 수밖에 없다. 그렇게 해야만 진보정당의 양보와 협력이 민주당에 조금이라도 보탬이 된다. 그러나 민주당이 준비가 되어 있지 않으면, 진보정당이 희생하고 싶어도 할 수가 없다. 그럴 명분도, 이유도, 실익도 없기 때문이다. 문제는 진보정당이 아니라 민주당이다. 그런데 최근 야당 선거연합 논의는 진보정당, 특히 진보신당에 민주당 중심의 연합에 참여하라고 압박하는 데 초점을 두고 있다. 마치 민주당이 아니라 진보정당이 선거 승패의 열쇠를 쥐고 있는 듯한 착각을 불러일으키게 한다. 시민단체는 정당 간 노선 및 정책의 차이, 연합의 조건이 중요하지 않다고 말하지는 않지만, 결코 중요시하지 않는다. 이렇게 핵심을 뺀 채 변죽을 울리거나 민주당은 놔두고 애먼 정당에 매달려 합치라고만 하니 선거연합 논의의 불을 지펴봤자 시민들이 감동하고 흥미를 느낄 리 없다. 요즘 선거연합 논의가 그렇다. 이대로라면 민주당은 변화의 시늉만 낸 채 선거를 치르게 된다. 만일 패한다면 민주당에 좋은 교훈이 되겠지만, 이길 수도 있다. 물론 승리라고 해봤자 호남 외 수도권·충청권의 몇 석 획득에 불과한 것이어서 그걸로 이명박에게 큰 타격을 줄지는 불확실하다. 선거 이후에도 대통령은 이명박이다. G20 개최로 일어설 수도 있고, 남북정상회담 같은 것으로 반전시킬 수도 있다. 이명박이 약해진다 해도 박근혜와의 관계에서 그렇다는 것이지, 민주당에 대해서는 아닐 것이다. 반MB의 중심축도 민주당에서 박근혜로 옮겨 갈 수 있다.

그러나 민주당은 승리가 자기 체제에 대한 정치적 승인이라고 믿을 것이다. 그리고 바로 그 때문에 혁신을 위한 자극도, 변화를 위한 충격도 받지 못하고 지금 상태로 화석처럼 굳어져 갈 것이다. 당연히 그런 몸으로 총선·대선을 잘 치를 수가 없다. 이렇게 되면 지방선거 승리는 축복이 아닌 재앙의 씨앗이 된다. 지방선거? 중요하다. 하지만 총선·대선만큼은 아니다. 지방선거 한다고 총선·대선의 전망을 흐리게 해서는 안 된다. 지금 민주당이 얼마나 부실한지는 권력과의 관계에서는 물론 국민참여당 혹은 유시민 정도에 쩔쩔매는 것으로도 알 수 있다. 야당의 구심점이 되기에는 참으로 고루 문제를 갖추고 있는 약체 정당이다. 이렇게 반MB도, 국민참여당도 벅찬 민주당이 박근혜를 뛰어넘을 실력을 갖출 리 없다. 그래서인데 대책 없는 반MB 투쟁을 하던 어느 순간 "이게 아니네" 하며 반박투쟁으로 우르르 몰려갈 민주당의 뒷모습이 벌써 눈에 그려진다. 그러는 사이 총선·대선은 끝난다. 나무만 열심히 흔들어대면 무엇

하나. 열매가 남의 집 마당으로 떨어지면 다 부질없는 일이다.

　시민단체, 지식인들은 민주당이 대선을 전망할 수 있게 지방선거에 임하도록 도와주어야 한다. 그러자면 지난 10년의 실패를 반성할 줄 아는 새로운 대안세력이 되도록 해야 한다. 선거연합을 위한 야당들의 공동 정책, 공동 비전이 그 계기를 제공할 수 있다. 그런데 민주당은 한·미 자유무역협정, 노동유연성, 파병 등 핵심 쟁점을 다 빼고 무난한 공약으로 대신할 생각인 것으로 보인다. 그러나 집권이 불투명하고 신뢰하지도 않는 정치세력의 공약을 믿고 찍어줄 시민은 없다. 전문가를 동원해 분야별 공약을 만들어내지 못해서 민주당이 이렇게 된 것이 아니라, 믿고 따를 정치세력이 못 되어서 그런 것이다. 정책과 비전은 그 내용은 물론 그걸 제시하는 세력이 누구인가도 중요하다. 자기 실책과 관련이 있는 정책은 손도 못 대게 하면서 앞으로는 잘 해보겠다는 정치세력이 있다면 믿지 않는 게 좋다. 민주당은 지금 올바로 선거를 치를 준비가 되어 있지 않다. 야당연합을 논하기 곤란하다. 더 나아진 민주당과 진보정당의 연대로 큰 힘을 내자는 연합이었다. 그런데 부족한 민주당에 맞춰 키를 낮추는 연합이 되고 있다.

　민주당 중심의 선거연합을 주장하는 시민단체 인사들은 민주당이 믿을 만한 세력인지 보증할 수 있는가. 이 민주당으로 대선을 치를 수 있다고 장담할 수 있는가. 못 하겠다면, 민주당과 투쟁하는 게 우선이다.

―이대근, "선거연합, 초점을 잃었다", 〈경향신문〉 2010. 2. 3.

"지방선거는 민주당이 앞장서 치러야 하는 선거가 맞다."

'선거다'로 시작하지 않았다. '선거가 맞다'고 첫 문장을 썼다. 두 말은 차이가 없어 보이지만 천지 차이다. 이어지는 글을 보자.

"진보정당은 약하다. 민주당을 돕는 데 한계가 있다. 이길 수 없는 민주당을 승리로 이끌 힘은 없다."

'선거가 맞다'고 시작했기에 '약하다, 한계가 있다, 힘은 없다'라는 주장을 끌어갈 수 있다.

첫 문장은 "못 하겠다면, 민주당과 투쟁하는 게 우선이다"라는 마지막 문장과 이어진다. '지방선거는 민주당이 앞장서' 치러야 하기에 민주당 비판이 공감을 얻을 수 있었다. 시민단체 인사에게 민주당 중심 연합의 문제점도 짚어줄 수 있었다.

만약 "민주당은 지금 올바로 선거를 치를 준비가 되어 있지 않다. 야당연합을 논하기 곤란하다"로 글을 시작했으면 어땠을까? 글쓴이의 비판이 먹히지 않았을 거다. '민주당과 투쟁하는 게 우선'이라는 말로 결론을 맺기도 힘들었을 거다.

그래서 첫 문장이 글의 시작이자 끝이다.

복잡하면 나눠 써라

알림글의 얼개를 살펴보자. 신문에서 가장 많이 쓰이는 형태는 역삼각형 구조다. 글 맨 앞에 가장 중요한 내용을 쓴다. 자신이 쓰려는 글의 알갱이가 되는 말로 시작하거나 전체 내용을 한눈에 알 수 있게 쓴다. 이를 '리드'라고 부른다.

리드를 제목이나 부제로 처리하기도 한다. 리드 다음에 오는 문장은 보통 육하원칙에 맞춰 사건의 내용을 한눈에 볼 수 있게 한다. 이어서 빠진 내용을 채워주거나 덧붙여 설명할 이야기를 적는다. 마지막으로 다른 사람의 생각이나 반론을 보여주며 글을 맺는다.

이처럼 내용의 중요도가 아래로 갈수록 떨어진다. 우리가 자주 보는 기사(스트레이트 기사)가 이런 역삼각형 얼개로 짜여 있다.

처음 기사를 쓸 때는 이 틀에 맞춰 연습하는 게 좋다. 역삼각형 구조는 글에서 중요한 것이 무엇인지, 버려도 상관없는 것은 무엇인지를 찾는 능력을 길러준다.

기본에 충실해야 응용도 할 수 있다.

서울 양재동의 대규모 복합유통센터(파이시티) 개발사업 인허가 비리를 수사 중인 대검찰청 중앙수사부(부장 최재경 검사장)는 26일 (주)파이시티 ㅇ대표한테서 인허가 청탁 명목으로 수억 원을 받은 혐의(특정범죄 가중처벌법의 알선수재)로 최시중(75) 전 방송통신위원장의 사전구속영장을 청구했다. 최 전 위원장의 구속 전 피의자 심문(영장실질심사)은 오는 30일 서울중앙지법 박병삼 영장전담판사 심리로 열린다.

최 전 위원장은 고향 후배인 브로커 이 아무개(60 · 구속) 씨 소개로 만난 ㅇ대표로부터 2007년 5월부터 2008년 5월 사이에 '파이시티 사업을 잘 봐달라'는 청탁과 함께 수억 원을 받은 혐의를 받고 있다. 최 전 위원장은 전날 검찰 조사에서 "돈을 받은 것은 맞지만 대가성은 없었으며, 받은 돈의 대부분을 개인 용도로 사용했다"고 진술한 것으로 알려졌다.

검찰은 또 전날 자택과 사무실 등을 압수수색한 박영준(52) 전 국무총리실 국무차장에 대해 "본격적인 수사에 나섰다"고 이날 밝혔다. 박 전 차장은 파이시티 인허가 청탁 대가로 ㅇ대표로부터 수억 원을 받은 의혹을 사고 있다.

검찰은 서울시로부터 파이시티 인허가 업무를 처리한 도시계획위원 명단 등 관련 자료를 넘겨받기로 했다.

—김정필, "검, 최시중 사전구속영장 청구" 〈한겨레〉 2012. 4. 26.

이런 글은 첫 단락만 보면 사건의 내용을 파악할 수 있다. 보도기사는 첫 단락만 읽고 넘어가는 경우가 많다. 역삼각형 구조는 이런 독자에게 맞춤이다. 또한 기사가 기사답다, 사실적이다, 이런 생각을 심어준다. 그래서 언론사나 기자들이 기본으로 여긴다.

스트레이트 기사에 불만을 품는 독자도 있다. 전달자의 역할은 충실해 보이지만, 과연 사실인가, 제대로 된 기사인가, 의문을 갖는다. (독자들은 '그래서 어쨌다는 건데' 라며 언론에 묻는다.)

읽는 이들이 아예 제목만 보고 지나치는 경우도 있다. 이런 기사는 대부분 어느 신문이나 내용에 큰 차이가 없다. 인터넷 포털 메인 화면이나 디엠비, 텔레비전을 통해 익히 접할 수 있는 내용이다. 속보가 아닌 경우에는 눈여겨보지 않는다.

다음은 〈한겨레〉에 실린 기사다.

26일 오전 11시 30분께 제주도 서귀포시 강정동 해군기지 공사장 정문 앞. 10여 명의 시민들이 길 건너편에 앉아 고병수 신부(천주교 제주교구 평화의 섬 특별위원회 위원장)와 함께 미사를 올리고 있었다. 강정마을에서 해군기지 반대운동을 벌이다 5미터 높이의 테트라포드(일명 삼발이)에서 떨어져 중상을 입었다가 최근 퇴원한 문정현(72) 신부는 공사장 정문 바로 앞에서 연좌시위를 하고 있었다. 문 신부의 곁을 육중한 몸집의 경비 용역 직원들이 막고 섰다.

"평화를 지킬 수 있도록 이 미사를 하느님께 봉헌하도록 합시다. 전능하신 천주 성부 모든 영예와 영광을 영원히 받으소서."

고 신부가 미사를 집행하자 갑자기 경비 직원들이 "지금 여러분이 하고 있는 일은 불법행위이니 중단하시오"라며 스피커 방송으로 미사를 방해하기 시작했다.

화가 난 문 신부가 벌떡 일어나 경비 용역 직원들과 말싸움을 시작했다.

"말귀를 알아들어야지." (문정현 신부)

"아, 왜 이러시냐고요. 진짜." (경비)

"지금 몰라서 묻냐 이 ××야." (문정현 신부)

"야, 이 ××놈아." (경비)

흥분한 20대 경비 용역 직원은 급기야 문 신부에게 욕설을 퍼부으며 문 신부의 멱살을 잡았다. 주변 사람들이 달려와 문 신부와 경비 직원을 떼어 놓자, 경비는 "아, 저 씨×××가 진짜……"라며 분을 삭이지 못했다.

잠시 뒤 한 경비 직원은 미사에 참여한 수녀에게도 욕설을 퍼부었다. 경비 직원은 이 수녀가 공사장 곁을 떠나지 않자 "나가라"고 요구했다.

"나가세요." (경비)

"알았어요. 나갈 거예요. 너희들이 폭행적으로 하니까 그렇지. 용역회사면 다야?" (수녀)

"뭐, 씨×?" (경비)

"내가 언제 씨×이라고 했어요." (수녀)

"이 씨××아." (경비)

시민들은 경비 직원이 수녀에게도 폭언을 퍼붓는 모습을 보자 말 싸움을 벌이며 사과를 요구했다. 그러나 시민들은 사과를 받기는커 녕 경비 직원들로부터 한동안 욕설을 들었다. 한 경비 직원은 사과 를 요구하는 시민의 멱살을 잡고 흔들어 시민의 윗옷을 찢었다.

강정마을 주민들과 함께 해군기지 반대운동을 벌이고 있는 박성 수(39) 씨는 이 모습을 모두 지켜보았다. 박씨는 27일 〈한겨레〉와 한 통화에서 "공사를 방해한 것도 아니고 평화롭게 미사를 진행하 는 것마저 해군기지 경비 직원들이 시비를 걸고 있다. 문 신부와 수 녀에게조차 욕설을 하는 것을 보고 참담한 심정이었다"고 말했다.

이날 벌어졌던 일들은 영상에 담겨 트위터 등에 퍼지고 있다. 영 상을 본 누리꾼들은 분노를 쏟아내고 있다. 문정현 신부는 〈한겨 레〉와 한 통화에서 "예수님도 온갖 욕 다 먹고 능욕을 당한 뒤 돌아 가셨다. 지금 똑같은 일이 강정마을에서 벌어지고 있다"며 안타까 워했다. 이어 문 신부는 "해군기지 쪽에서 성직자들에게까지 이렇 게 함부로 대하는데 일반 시민들에게는 어떻겠나. 나는 강정 주민 들을 대신해 죽을 각오를 하고 있다"고 말했다.

문 신부는 지난 6일 강정마을 서방파제 끝 지점 삼발이에서 해양 경찰관과 승강이를 벌이다 5미터 이상 높이에서 떨어져 허리 등을 크게 다쳤다. 19일 병원에서 퇴원한 문 신부는 25일 다시 강정마을로 돌아왔다.

문 신부는 "몸이 너무 아프지만 강정을 떠날 수가 없다. 이곳에서 죽을 고비를 넘기니까 마음이 더 간절해진다"고 울먹였다. 문 신부는 26일 경비 직원들과의 몸싸움으로 통증이 심해져 몸져누웠다.

경비 직원들을 고용한 삼성물산 관계자는 〈한겨레〉와 한 통화에서 "문정현 신부가 가만히 있는 경비원들을 먼저 지팡이로 때려서 발생한 일"이라고 해명했다. 수녀에게 한 욕설에 대해서는 "사실관계를 파악하지 못했다"고 말했다. 강정마을회 주민회는 27일 오후 2시 30분께 해군과 삼성물산, 대림산업 등에 사과와 재발방지를 요구하며 기자회견을 열었다.

—허재현, "해군기지 경비, 문정현 신부 멱살 잡고 수녀에게 '씨××'",

〈한겨레〉 2012. 4. 27.

위 기사는 기사의 기본 원칙을 부수면서 사건을 전달했다. 하지만 기사에서 담아야 할 기준들은 충실히 담았다. 문제는 기사의 구조가 아니라 내가 무엇을 전달하고, 왜 전달하느냐다. 이걸 고민하면 기사의 형식도 자연스럽게 나온다.

요즘 기사 쓰기는 형식에 내용을 담지 않고, 내용에 맞춰 형식을 찾는다. 형식의 경계를 부수거나 때론 섞여 나타나기도 한다.

사람들의 목소리나 통계와 같은 사례를 먼저 소개하며, 기사의 사실성이나 정확성을 인정받으려는 기사를 쓰기도 한다. 또한 현장감을 살리려고 소설처럼 이야기 구조를 갖춘 기사도 만날 수 있다. 이런 기사는 설득력과 함께 현장감을 더해준다.

사례를 소개할 때, 취재원을 가명 처리하는 경우가 종종 있다. 때로는 창작한 것처럼 읽힌다. 실명을 쓸 때, 글의 신뢰성과 생동감을 더한다. 될 수 있으면, 실명을 드러낼 수 있는 취재원을 찾아야 한다. 가명을 쓰더라도 소설을 만들면 안 된다. 이는 독자를 속이는 것이다. 글에 대한 책임의 문제이자 양심이다.

어떤 글을 보면 한 꼭지에 여러 가지 내용을 나열한다. 이럴 땐 글쓴이가 하고 싶은 말이 무엇인지를 독자가 찾지 못한다. 중요하게 보여줄 것과 보충하여 덧붙이는 내용을 독자가 알 수 있게 글을 배치해야 한다.

전달하고 싶은 내용이 많다면, 아예 글을 여러 꼭지로 나눠야 한다. 사건은 스트레이트 기사로, 자신의 주장은 논평으로, 반론이 있으면 인터뷰로, 각각 독립된 꼭지로 나눈다.

한 꼭지에 여러 내용이 섞여 있으면 독자는 이렇게 투덜거릴 수밖에 없다.

"그래서 어쨌다는 거야!"

긴장이 멈추는 순간 글을 끝내자

숱한 정보와 소식이 쏟아지는 사회다. 독자의 눈을 끌지 못하면, 알리는 글의 몫을 하지 못한다. 보도기사에서 역삼각형 구조를 택하는 이유도 여기에 있다. 한 줄만 보고도 전체를 알 수 있게 친절을 베푸는 거다.

글에 흥미가 없으면 독자는 읽기를 멈춘다. 스스로 관심거리를 찾으며 친절하게 글을 읽지 않는다. 독자의 관심을 놓치지 않으려면 문장마다 긴장을 주어야 한다. (긴장에도 강약이 있다. 여기서 긴장은 눈길을 사로잡는 '관심'을 말한다.)

첫 문장 쓸 때의 마음이 마지막까지 이어져야 한다. 같은 이야기를 주절주절 늘어놓는다는 느낌이 들어서는 안 된다. 아무리 좋은 이야기도, 서너 문장 넘게 끌어갈 경우 읽는 사람은 싫증을 느낀다. 서너 문장으로 한 문단을 마무리하는 게 좋다.

서너 문단을 쓴 뒤에는 아예 새로운 이야기를 써야 한다. (이때 문단 앞에 작은 제목을 단다.) 만약 이것이 힘들다면 이야기를 끝내야 한다. 반복되는 설명이나 해설을 하지 말고, 아예 긴장을 갖춘 채 끝내는 게 좋다.

알리는 글은 긴장이 생명이다. 각 문단이 하나의 완결된 기사여야 한다.

'객관적 사실 한 꼭지, 관련 있는 사례 한 꼭지, 이해를 도울 이야기 한 꼭지, 이 사실을 바라보는 시각 한 꼭지, 주장이나 전망 한 꼭지.'

기사에 위 내용이 다 있을 필요는 없다. 두세 문단이 빠져도 괜찮고, 한 문단으로 기사를 마감해도 된다. 다만 서너 문장으로 한 문단씩 내용을 완성하는 것이 중요하다.

〈프레시안〉이대희 기자가 쓴 기사다.

STX그룹이 결국 대우건설 인수를 포기했다. 22일 STX는 "대우건설 인수전에 참여하지 않기로 했다"고 공시했다.

단 일주일 만에 입장이 뒤집어졌다. 지난 17일 STX는 인수전 참여를 고려 중이라는 보도 직후 곧바로 "대우건설 인수를 검토하고 있다"는 공시를 해 시장의 주목을 받았다.

그러나 시장 반응은 싸늘했다. 최근 경제위기로 인해 조선업황이 나빠진 상황이라 유동성 우려가 커졌다. 이에 그룹 계열사 주가가 급락했다. 인수 의사를 밝힌 17일 당일 지주회사인 STX 주가는 전날보다 5.14퍼센트 하락했고, STX팬오션은 사흘 연속 하락했다.
시장 일각에서는 신용등급 하향조정 가능성까지 거론됐다.

　한편 대우건설이 이번에도 새 주인을 찾지 못하면서 하이닉스,
대우조선해양 등 시장에 나온 대형 매물들의 새 주인 찾기는 한동
안 난항을 겪을 것으로 예상된다.

—이대희, "STX, 결국 대우건설 인수 포기", 〈프레시안〉 2010. 2. 22.

독립된 이야기가 한 제목의 기사로 묶였다.

각 문단의 시작을 보자.

'인수 포기, 입장 뒤집어짐, 시장 반응, 예상.'

문단마다 새로운 이야기로 관심을 이끌며 기사를 끌어갔다. 문단
마다 세 문장을 넘기지 않았다. 기자가 얻은 정보는 더 많았을 것이
다. 주절주절 풀지 않았다. 전달할 말만 골라 압축해서 썼다.

기사를 길게 쓸 것인가, 짧게 쓸 것인가? 이 문제도 풀렸다. 각 문
단마다 긴장을 유지할 수 있다면, 수십 문단이 되고 수십 쪽이 되어
도 괜찮다. 하지만 문단에 긴장이 없다면 멈춰야 한다. 각 문단만이
가지는 생명력이 없다면, 두세 문단의 글이라도 실패다.

심층취재 글도 마찬가지다. 수십 일을 취재했더라도 한 문단으로
끝날 수 있다. 열흘을 취재하고도 원고지 1,000쪽이 넘는 책으로 묶
을 수 있다. 1917년 러시아 10월 혁명의 열흘간의 기록을 존 리드는
『세계를 뒤흔든 열흘』이라는 한 권의 책으로 묶었다. 이 책은 읽는

내내 긴장이 멈추지 않는다.

길이의 문제가 아니라 긴장의 문제다.

숨결이 느껴지는 글

글에도 생명이 있다. 활자의 조합으로 머무는 글이 있는가 하면 숨결이 느껴지는 글이 있다. 글에서 따뜻함이든 차가움이든, 기쁨이든 슬픔이든, 느낌을 전달해야 한다. 글은 이성의 표현이지만 그 내면에 감성을 품고 있다. 이성과 함께 감성이 전달되어야 글이 소통의 역할을 한다.

더불어 글을 쓴 사람의 숨결도 전달해야 한다. 활자 속에서 사람을 찾을 수 있는 글이 제대로 쓴 글이다. (그렇다고 글에 '나'를 내세우라는 말은 아니다.)

내가 쓴 글을 읽은 사람이 나를 만나면 하는 이야기가 있다. "글과는 다르게 생겼네요." 생긴 꼴처럼 글을 쓰지 못한다는 비판이지만, 한편으로는 기분이 좋다. 얼굴이야 어찌 생겼든 내 글을 읽으며 나를 그려봤다는 말이 아닌가.

억울한 일이나 알리고 싶은 일이 있을 때, 직접 언론에 기사를 쓰는 일은 쉽지 않다. 지면을 얻어내기도 어렵고, 다양한 언론을 쫓아 다니며 지면을 달라고 사정하는 일도 만만치 않다. 그래서 언론에 알려달라고 요청(보도자료, 기사제보)을 하거나 직접 선전물을 만들어 거리로 들고 나간다. 기자회견을 열어 알리는 방법도 있다.

선전물이나 보도자료, 기자회견문도 고정된 틀을 깼으면 하는 바람이 있다. 기본 틀이라고 여기던 관성에서 벗어나면, 선전물도 멋진 작품이 될 수 있다.

선전물을 만들고, 기자회견문이나 성명서를 쓰는 이유가 무엇일까? 다른 사람에게 알리고 싶은 간절한 마음이다.

익숙한 형식은 받아들이는 사람에게 부담이 없다. 하지만 식상하게 여기기도 한다.

다음은 용산 철거민의 죽음과 관련된 기자회견문이다. 보도기사의 기본 틀을 가지고 작성했다.

서울 용산 철거민 살인진압을 수사하고 있는 서울중앙지검 수사본부(본부장 정병두 1차장)는 22일 새벽 사건 당일 연행한 25명 중 6명에 대해 구속영장을 청구하였다. 또한 검찰은 전국철거민연합(이하 전철연)을 사건의 배후로 지목하고 수사를 확대하겠다는 방침을 세운 것으로 알려지고 있다.

검찰의 이와 같은 조치는 살인진압의 책임이 무리한 공권력 투입에 있음을 왜곡하기 위한 대국민 사기극의 서막을 알리는 것이다. 검찰의 불공정 수사는 이미 사건 초기부터 진행되어왔다. 그 근거로 ▲사건 현장에 대한 유족들과 기자들의 접근을 막고 있는 점 ▲시신을 빼돌려 유족의 동의와 입회가 이루어지지 않은 가운데 부검을 실시한 점 ▲시신에 대한 부검이 단 몇 시간 만에 신속하게 처리된 점 ▲부검이 완료된 시신에 대한 유족의 접근을 공권력을 동원하여 막고 있는 점 등은 이 사건을 왜곡하거나 축소, 은폐하려는 수순으로밖에 볼 수 없는 명백한 증거이다.

검찰은 공권력에 의한 살인이 국회 행정안전위원회를 통해 만천하에 알려졌음에도 불구하고 경찰 최고 책임자인 김석기 경찰청장 내정자(서울지방경찰청장)에 대한 사전구속영장은 청구하지 않은 채 힘없고, 돈 없는 약자들인 철거민들에게만 구속영장을 청구한 것은 범정부 차원의 은폐가 진행되고 있다는 증거라 하지 않을 수 없다.

특히 이번 사태에 대한 본질적 책임이 서울시장 재직 시절부터 불도저식 개발을 추진한 이명박 대통령에게 있음에도 불구하고 이명박 대통령과 청와대는 김석기 경찰청장 내정자에 대한 내정 철회를 통해 사건에 대한 책임을 회피하려는 졸렬하고, 파렴치한 정치를 펼치고 있다.

또한 한승수 국무총리는 담화를 발표하면서 이번 사태를 "불법 점거, 불법 폭력행위"로 규정하여 범정부적 왜곡을 최초로 유포하였다. 사건에 대한 인식이 저급한 총리가 이미지 정치를 하기 위해 유족들이 방문을 동의하지 않았음에도 불구하고 시신이 안치되어 있는 장례식장을 찾는 등 고인들을 잃은 슬픔에 빠져 있는 유가족들의 가슴에 대못질을 하였다.

사건이 이러함에도 불구하고 검찰은 실체적 진실을 외면한 채 사회적 약자인 철거민들의 생존권을 지키기 위해 활동해온 전철연에 대한 마녀사냥을 통해 이명박 정권의 부도덕함을 감추려 하고 있다.

우리 범국민대책위원회는 정권의 나팔수로 전락하여 사건에 대한 왜곡, 축소, 은폐를 선봉에서 진두지휘하고 있는 서울중앙지검 수사본부를 즉각 해체할 것을 강력히 요구한다.

늘 보아온 보도문이고, 기본에 충실한 글이다. 흠잡을 데가 없다. 그런데 이 틀을 한번 깨보고 싶다는 생각이 들지 않는가?

요즘에는 원칙은 물론 형식조차 애매한 140자의 짧은 글이 세상을 떠들썩하게 만든다. 개인이 트위터나 페이스북에 올린 글이 기사가 된다. 어떤 글은 기자회견이나 집회보다 더 큰 파문을 일으킨다. 보도자료 형식을 갖추지 않은 개인의 독백에 불과한데, 때론 뉴스의 1면을 차지한다. 개인의 숨결이 사람의 감정을 움직였기 때문이다.

다음은 홍대 앞의 한 재개발 현장을 고발하려고 쓴 글이다.

여기 용산에서와 똑같은 야만스러운 일이 진행되고 있다.

홍대입구역 4번 출구에서 위로 조금만 올라가면 나타나는 '두리반'이라는 이름의, 한국작가회의 회원이자 인천작가회의 지회장인 소설가 유채림 씨의 부인이 운영하던 식당이 있었다. '여럿이 둘러앉아 먹을 수 있는, 크고 둥근 상'이라는 뜻을 가진 상호처럼, 다정한 사람들이 둘러앉아 맛난 음식을 먹으며 쉬어갈 수 있는 공간이자, 한 가정의 경제를 지켜주던 삶터였다. 하지만 지금 그곳은 농성장으로 변해 있다.

성탄절을 하루 앞둔 12월 24일, 여자들만 있는 식당에 갑작스레 건장한 사내들이 들이닥쳐 닥치는 대로 집기들을 들어낸 다음 식당을 철판으로 둘러싸서 막아버렸다. 그대로 쫓겨날 수만은 없다는 절박함이 다음 날 밤 용역이 사라진 틈을 타서 철판을 뜯고 식당 안으로 들어가 농성을 시작하게 만들었다.

식당이 있는 주변 지역으로 경전철이 지나가기로 되어 있다 해서 갑자기 주변 땅값이 평당 수천만 원씩 뛰어올랐고, 식당이 세 들어 있던 건물의 주인은 10배나 되는 시세 차익을 남기고 건물을 팔아버렸다. 식당을 차리기 위해 권리금만 1억이 들어갔다. 찜질방 구내식당 등을 하며 그동안 애면글면 모은 전 재산이었다. 하지만 새 건물주는 아무런 대책도 세워주지 않은 채 건물에 들어 있던 세입자들을 내쫓기 시작했다. 권리금은 물론 보증금도 없이 달랑 이사 비용 300만 원만 던져주겠다면서! 눈앞에서 날강도를 맞은 셈이나 마찬가지인 세입자의 억울함을 호소할 수 있는 길은 농성밖에 없었고, 전기마저 끊어버린 식당 안에 스티로폼을 깔고 엄동 추위와 맞서가며 지금 이 순간 절박한 싸움을 벌이고 있다.

그 지역 재개발의 시행사는 남전디앤씨이며 시공사는 지에스(GS)건설이다. 용산에서와 마찬가지로 자본의 이익을 위해 가난한 세입자들을 한겨울에 거리로 내몰고 있는 것이다. 그것을 탐욕으로 똘똘 뭉친 야만이라고 부르지 않는다면 달리 무엇이라 부를 것인가! 새로 건물을 지으면 그곳에서 다시 장사를 하게 해달라는 것, 용산의 세입자들과 마찬가지로 요구는 그렇게 간단하고 소박하다. 하지만 이러한 요구에 대해 돌아온 건 강제철거를 집행하겠다는 으름장이었으며, 이미 자신들이 짜놓은 각본대로 진행하고 있다.

지금 이 순간에도 자본의 이익을 관철하기 위해 무표정한 얼굴로 계산기만 두들기고 있는 자들에게 말한다. 가난한 이들을 더는 짓밟지 말라! 기어이 또 다른 용산참사를 일으킬 셈이 아니라면, 세입자의 생존권을 보장하라! 아무리 개발이 가져다줄 이익에 눈이 멀었다 해도 어찌 안온한 가정의 삶을 송두리째 망가뜨리는 죄악을 저지른단 말인가! 시행사와 시공사는 당장 사람의 마음과 사람의 눈으로 자신을 살펴보고 이웃을 돌아보라!

—박일환, "홍대 앞 '두리반 식당' 을 빼앗지 말라", 〈한겨레〉 2010. 1. 3.

두리반 이야기에 사람이 보인다. 글쓴이도 보이고 식당의 주인도 눈에 그려진다. 내가 뭔가 해야 하지 않을까 하는 가슴의 동요가 일어난다.

이런 글은 기자회견문이 될 수 없을까?

정답은 없다.

누가 읽을 글인가

언론에서 경제가 어렵고, 이렇게 가다가는 국가가 파산한다고 연일 사람들의 머리에 세뇌시킨다. 당장 직원들을 잘라내지 않으면 기업과 직원이 함께 무너지고, 이는 지역과 국가 경제를 망치는 길이라며 떠든다.

이때 '구조조정을 반대한다!'는 구호만 외쳐서는 공감을 얻기가 힘들다. '기업은 욕심꾸러기다'가 아니라, 기업이 어떻게 욕심을 부리는지를 친절하게 설명해야 한다. 때론 수치와 도표를 이용해 기업의 엄살이 더 큰 욕심을 위한 탐욕이라는 것을 증명해야 한다.

'비정규직을 해고하는 일은 살인이다.'

이런 주장보다 해고된 비정규직의 삶을 담담히 보여줄 때, 더 큰 분노가 일 수 있다.

경영자는 나쁘고 노동자는 좋은 사람, 이게 글의 전제가 되어서도 안 된다. 경영자가 좋은지 나쁜지를 읽는 사람이 판단할 수 있게 해야 한다.

내 주장이 앞서거나 강할수록 설득력이 떨어진다. 주장은 마음의 공감을 일으키기 위한 것이지 정답지를 내놓는 일이 아니다. 읽는 사람이 답을 찾을 수 있게 주장을 펼쳐야 한다.

그래서 투쟁에도 스토리텔링이 필요하다. 짧은 구호에도 이야기가 담겨야 한다. 서사를 갖춘 싸움에는 시민의 연대가 이어진다. 반면, 거창한 구호만을 되뇌는 투쟁은 고립된다.

글 한 편을 소개한다. 많은 사람들에게 한 사건의 진실을 알리고, 대안을 찾으려고 쓴 글이다. 참 공들여 노동자의 편이 되었다. 하지만 이 글을 읽으며 누구에게 보여줘야 할지 걱정되었다.

○○타이어 자본이 끝내 3월 3일 1,199명에 대한 구조조정 계획을 노동청에 제출했다. 193명을 정리해고하고, 1,006명을 하도급 업체로 내보낸다는 것이 주요 내용이다. 금속노조 ○○타이어지회는 정리해고 대신 큰 폭의 임금 삭감을 허용하는 타협안을 사측에 제시했지만, 사측은 이를 일언지하에 거부하고 정리해고를 밀어붙이고 있다. (가운데 줄임)

○○타이어 자본이 3월부터 기를 쓰고 구조조정을 감행하려고 하는 데는 숨겨진 이유가 있다. 현재 ○○타이어 ○○○ 회장의 주식은 전량이 담보로 잡혀 있는 상태라 사실상 주채권 은행인 산업은행이 ○○○ 회장의 인사권자인데, ○○○ 회장은 산업은행과 다

른 채권자들에게 기업 수익을 증가시켜 채무를 상환하겠다는 강한 의지를 보내주어야만 경영권을 유지할 수 있다는 것이 그 숨은 이유다. 이번 구조조정 계획은 그 첫 번째 신호인 셈이다.

현재 금속노조 ○○타이어지회 노동조합은 8, 9일 쟁의행위 찬반 투표를 거쳐 3월 중하순부터 파업 투쟁에 돌입한다는 계획이지만, 집행부는 지난 양보안에서 볼 수 있듯이 파업 투쟁 의지보다는 양보를 통한 적당한 타협에 여전히 무게를 두는 듯 보인다. 하지만 ○○○ 회장의 머릿속에는 노동자에 대한 타협은 전혀 존재하지 않는다. 지금 그의 머릿속에는 채권단이 위임한 경영권을 유지하고, 더 나아가 다시 그룹의 소유권을 되찾아오기 위한 술책만이 존재한다.

○○타이어 노동자에게 필요한 것은 강한 단결과 단호한 파업이다. 채권 금융기관과 채무 기업 사이의 채무 조정 과정인 워크아웃 과정에서 금융기관들은 노조에 구조조정 합의서를 요구하고 있지만, 현재 급한 쪽은 빚을 받아야 하는 금융기관들과 경영권 확보를 위해 금융기관들의 비위를 맞춰야 하는 ○○○ 회장이다.

최악의 상황으로 ○○타이어가 부도 후 법정관리로 가더라도 노동자 입장에서는 더 잃을 것이 없다. 법정관리인이 회생계획을 낸다고 해도 전체 노동자의 4분지 1을 해고하고, 임금을 40퍼센트 가까이 삭감하는 구조조정안보다 더 나쁜 안을 제출하기는 쉽지 않다. 구조조정이 진행되지 않아 채권단이 부도 처리 수순을 밟는다면 결국 현재보다 나빠지는 것은 경영권을 잃는 ○○○ 회장뿐이다. 이미 대부분 공장이 가동률 90퍼센트 이상을 회복한 상황, 6.2

지방선거를 앞두고 ○○ 지역 고용 문제를 함부로 다룰 수 없다는 정치적 조건도 노동조합에 유리하다. (가운데 줄임)

　노동자들이 파업 투쟁을 펼치면 정부, 채권단, 사측은 부도 위협까지 내세우며 노동조합을 압박할 것이다. 하지만 앞에서도 이야기했듯이 부도로 더 손해 보는 것은 채권단과 사측이다. 부도, 법정관리를 가더라도 노동조합이 사즉생의 각오로 노동권을 지킨다면, 결국 손을 들어야 하는 것은 사측과 채권단이다. 경제적으로, 정치적으로 노동조합이 협박에 휘둘릴 이유가 없다. 사측의 구조조정안은 노동자에게 ○○○를 위해 죽으라는 말과 같으며, 비해고자에게도 죽도록 일하다 조만간 회사를 나가라는 암시다.

　이제 노동조합에 필요한 것은 뒤를 돌아보지 않는 단호한 투쟁뿐이다.

　전문을 보면, 회사의 문제점과 구조조정의 부당성에 대해 자세한 자료들을 보이며 썼다. 여기까지는 공감했다. 하지만 대안을 보며 멈칫했다. 이 글을 누구에게 보이려고 쓴 글인지 궁금했다.

　거침없이 자신의 주장을 쓰는 것은 옳다. 하지만 글을 발표할 때는 누가 읽을 글인지를 독자의 눈으로 봐야 한다.

　글쓴이가 하고 싶은 말은 '단호한 투쟁'의 의지로 '파업을 하라'다. 회사가 부도가 나도, 법정관리가 되어도, 노동자는 손해 볼 것이 없다는 말이다. 이 말이 맞을 수도 있다.

　하지만 이 회사의 노동자가 읽었을 때, 나에게 힘을 주는 글이라고 생각할까? 이 문제를 몰랐던 사람들이 보았을 때, '맞아, 부도가 나더라도 싸워야 해' 라고 생각할까?

이런 글이 소중한 사람도 있을 테지만, 누구나 공감하기는 어렵다. 선전물에 실리기도 애매하고, 이 사건의 당사자들에게 선뜻 권하기에도 께름칙하다.

해고자이든, 해고자가 아니든 상관없이 불편한 글이다. '거봐라! 회사 망하게 하는 것 아니냐!' 라며, 경영진에게 변명거리만 만들어 주는 일이 벌어질 수도 있다.

다른 사람에게 보이는 글은 상대의 마음을 읽으며 써야 한다. 최대한 거부감을 느끼지 않게 다가가야 한다. 얼굴에 웃음을 머금고, 손을 내미는 글을 써야 한다. 잔뜩 인상을 찌푸리고 있는데, 상대가 반갑게 마음을 열고 악수를 하겠는가? 따질 때 따지더라도 한껏 부드럽고 반갑게 글을 쓰자. 내 삶이 아무리 절박하더라도 차분하게 설명하자. 선택의 답을 주려 애쓰지 말자. 읽는 이가 선택할 수 있도록 이끌어주면 그만이다. 독자는 현명하다.

'기사거리'가 되지 않는 기사 쓰기

노동을 담당하는 기자들이 가장 쓰기 힘든 기사 가운데 하나가 집회에 대한 기사다. 큰 집회라면 그래도 좀 괜찮다. 수백 일, 수천 일을 변함없이, 변함없는 사람들이 모인 집회라면 괴로움이 더 크다. 꼭 써야 할 기사인데, 똑같은 말을 수십 번 반복하자니 마음이 안타깝다.

오랫동안 싸우고 있는 노동자의 마음도 마찬가지다. 이 게시판, 저 게시판에 하루하루의 일정과 내용을 올리지만, 글을 쓰는 이도 그 글을 읽는 이도 그저 서럽기만 하다.

다음은 이랜드 해고자들의 집회에 대한 기사다. 20명 남짓 모이는 집회, 속된 말로 '기사거리'라고는 보이지 않는다. 하지만 이곳에 녹음기와 사진기를 메고 달려갔다. 꼭 무엇을 써야겠다는 생각은 아니었다. 나라도 가서 듣고 만나고 기록하고 싶었다.

어떻게 알릴 것인가 고민하면서 썼다. 잘 썼기에 보여주는 것이 아니라 이렇게도 쓸 수 있다는 걸 보이고 싶어 여기에 소개한다.

이 글을 언론에 기고할 때 이게 기사일까 주저했다. 하지만 보냈다. 〈오마이뉴스〉와 〈참세상〉에 실렸다.

잊고 싶은 기억이 있는가 하면 잊어서는 안 되는 기억도 있다. 잊으려고 몸부림칠수록 더욱 또렷하게 되살아나는 일도 있다. 기억하면 행복해지는 일도 있고, 떠오르는 순간 살갗이 바르르 떨리며 소름이 끼치는 일도 있다. 지워졌다고 믿으며 수십 년을 잊고 살았는데 어느 한순간 마치 어제의 일처럼 생생하게 오늘의 내 삶에 오롯이 자리를 잡기도 하는 게 기억이다.

500일이 넘는 기나긴 시간을 비정규직도 사람답게 살고 싶다며 싸워야 했던 이랜드일반노동조합. 홈에버가 홈플러스에 인수되면서 기나긴 싸움은 종지부를 찍었다. 몇몇 간부들의 '아름다운 희생'으로 비정규직 노동자들은 자신이 일하던 현장으로 돌아갔다. 그리고 기억 속에서 점점이 사라져가고 있다.

사라진 걸까? 끝난 걸까?

2009년 2월 12일, 지하철 7호선 가산디지털단지역 5번 출구 에스컬레이터에 발을 올리는 순간 떠오른 생각이다.

뉴스거리도 되지 않고 특별히 가야 할 이유도 없었다. 이랜드 투쟁에 미련이 남거나 궁금한 무엇이 있었던 것도 아니다. 비가 쏟아질 듯 우중충한 날, 그저 막걸리에 부침개나 부쳐 먹고 싶다. 한영

애가 부른 〈목포의 눈물〉이나 들으며 옛 추억에 잠기면 행복할 그런 날, 내가 지하철 7호선을 왜 탔는지 모른다.

가산디지털단지역은 특히 내가 가기 두려워하던 곳이다. 1,000일이 넘는 기륭전자 노동자들의 투쟁에 너무 아파하고 너무 많이 울어야 했기 때문이다. 지우려고 애를 써도 지워지지 않는다. 가슴 한가운데 자리 잡은 돌덩이가 사라지기는커녕 바위처럼 커져 가위눌린다. 비가 오려니 날궂이를 하는 건지, 무작정 이곳으로 끌려왔다.

며칠 전 이랜드 해고노동자 복직투쟁 2월 집중집회를 한다는 문자를 받을 때만 해도 탁상달력에 동그라미를 치지 않았다. 어젯밤 꿈속에서, 지난 주말에 봤던 영화 〈워낭소리〉의 할아버지와 소가 나타났다. 잠을 깨고도 워낭이 내 머릿속에 자리 잡았는지 딸랑거려 컴퓨터를 켤 수가 없었다.

홀린 듯 배낭을 챙겨 집을 나섰고 무작정 지하철을 탔다. 그때 가산디지털단지역 5번 출구가 떠올랐다. 자주 갔던 기륭전자는 5번 출구가 아니었는데, 왜 5번이 떠오르지? 그때만 해도 이랜드 문자 메시지는 생각을 하지 못했다. 5번 에스컬레이터에 발을 딛고서야 이랜드를 떠올렸고, 사라진 걸까? 끝난 걸까? 의문을 가졌다. 어쩌면 어제 본 할아버지가 〈워낭소리〉의 주인공이 아니라, 지금은 이랜드일반노조 위원장 직무대행을 하는 이남신이 아니었을까?

출구를 빠져나오자 자신의 가족보다 더 많은 시간을 보내고 다투기도 하고 울기도 했을 이랜드 해고자 이남신과 홍윤경이 반갑게 맞이한다. 동우화인켐, 강남성모병원, 한솔교육…… 비정규직 철

폐 투쟁을 하는 얼굴들이 모여 있다. 한두 시간씩 얼굴을 맞대고 인터뷰도 한 사람들인데, 어느 사업장이었는지가 퍼뜩 떠오르지 않는다. 그도 그럴 만하다. 비정규직이나 투쟁 사업장 인터뷰를 할 때마다 느낀 거지만 사업장이 다르고 살아온 길이 달라도 그들의 사연은 너무나 닮았기 때문이다. 투쟁을 하면서 이미 사업장의 벽을 뛰어넘은 사람들이기도 하다. 이름도 사라졌을 것이다. 노동자이고 비정규직이고 해고자이고 대한민국의 얼굴들이다.

앰프가 설치되고 피켓들이 줄을 지어 사람보다 먼저 자리 잡았다. 때에 전 이랜드일반노조의 깃발이 오른쪽에 우뚝 섰다. 왼쪽에는 유난히도 하얀 홈플러스테스코 노동조합의 깃발이 마주 보며 일어선다. 한 깃발 아래 모였다가 홈에버의 매각으로 딴 집을 차렸지만 이랜드일반노조의 벗이 되어 새 옷을 입고 나들이를 왔다.

마이크를 잡은 이남신의 목소리가 비장하게 흘러나오자 꿈길에서 빠져나왔다.

500일이 넘는 파업은 평생 잊지 못할 상처를 이랜드 가족에게 남겼다. 조합원만이 아니라 비조합원 직원들도 상처를 입었다고 한다. 구사대로 동원된 일이 너무 부끄럽다고 고백했다. 박성수 회장은 모두에게 상처를 입히고 한 번이라도 사과를 한 적이 있는가. 아침마다 드리는 기도 시간에 고통받고 상처 입은 직원들을 위해 기도 한 번 한 적이 있는가. 노동자는 책임을 졌다. 1억이 넘는 벌금도 냈다.

뭐 이런 말이었다.

그리고 말했다. 평생을 싸우더라도 박성수 회장의 무릎을 꿇게 하겠다.

또한 간곡히 말했다.

회사에서 '악질이고 강성'이라고 말하는 이남신과 홍윤경은 어떤 희생도 치를 수 있다. 단, 이랜드에 노동조합을 인정한다면. 4년 동안 단체협약을 해지한 상태로 있는 게 말이 되느냐며, 노동조합이 보기 싫으면 노사협의회에서라도 진정성을 가지고 이야기 좀 하자고. 정말 일단락 짓고 싶다고.

이건 해고자복직투쟁위원회의 대표로, 노조 위원장 직무대행의 자격으로 한 말처럼 들리지 않았다. 그저 진실한 마음을 가진 사람이 귀가 달렸다면 들을 수 있고 이해할 수 있는 사람에게 한 말이었다.

아침부터 울리던 내 머릿속 워낭은 이랜드 노동자의 목소리였나 보다. 이랜드, 아직 기억이라는 단어의 울타리에 가둘 수 없다. 소가 죽은 뒤에도 처마 끝에 달려 달그랑거리던 〈워낭소리〉의 워낭처럼 말이다.

경제가 어렵다 한다. 실업자가 늘어난다 한다. 마이너스 성장이 확실해지고 그 고통의 첫 바람을 맞아야 할 사람이 누군지는 말하지 않아도 알 것이다.

〈워낭소리〉는 독립영화의 기록을 깨고 있다. 목을 움츠리고 있지 말고 미친바람에 가슴을 활짝 펴고 맞서야 할 때가 아닐까. 비정규직이, 해고자가, 그리고 소외되고 가진 것 없는 이들이 보이지 않는 곳에서 울리는 워낭소리를 들으며, 함께하는 마음으로.

—오도엽, "이랜드, 위낭소리, 그리고 지울 수 없는 기억", 2009. 2. 13.

집회 내용을 보여주기도 하고, 감정을 풀어놓기도 하고, 내 생각을 주장하기도 했다. 하지만 집회를 알리려고 쓴 글이다. 이것을 보도기사라 할지, 칼럼이나 주장 글이라고 할지는 읽는 사람의 몫이다.

이제 형식에 얽매이지 말고 자신만의 방식으로 글을 쓰자. 길이 있어서 걸어간 게 아니다. 사람들이 걸어가니 길이 만들어졌다.

쫓아가지 말고 찾아내자

책상에 앉아서도 훌륭한 기사를 쓸 수 있다. 보도자료가 쏟아지고, 실시간으로 현장을 중계해주는 시대다. 부족한 것은 전화로 확인하면 된다. 굳이 현장에 가지 않고도 기사를 만들 수 있다. 비슷한 정보가 속보 경쟁을 하는 판에 현장을 찾는다는 게 무슨 필요가 있을까? 얼마든지 찾을 수 있는 정보라면 현장에 가지 않는 게 맞다. 더불어 그런 글은 쓸 필요도 없다.

하지만 여러 사람이 있더라도 보지 못하는 게 있기 때문에 현장에 간다. 남들 보는 데를 바라보고 남들 듣는 소리를 들으려고 현장에 가는 것이 아니다. 보이지 않는 것, 들리지 않는 것을 취재하려고 현장을 찾는다.

무대 중앙을 취재할 것이 아니다. 카메라 스트로보가 터지는 곳을 바라볼 것이 아니다. 마이크 목소리에 귀 기울일 것이 아니다. 취재란 보이는 것 뒤에 감춰진 이면을 찾는 일이다. 들리지 않는 목소리를 듣는 일이다.

〈한겨레〉에서 반갑게 보았던 '홍세화의 세상 속으로'에서 한 꼭지 소개한다.

"이제 또 삭발을 합니다. 흔하고 흔한 것이 삭발이고 단식인데 무어 그리 대단할 것입니까? 차라리 총칼을 들고 저 칠흑 같은 어둠으로 버티는 자본의 심장을 후비고 싶지만, 구속에 단식을 하고도 그저 죄 없는 머리칼만 또 자르고 있습니다……."

불법 파견에 맞서 싸운 지 967일째인 지난 16일, 금속노조 기륭전자 김소연 분회장은 다시 또 삭발하고 단식에 들어갔다. 노조를 결성했다는 이유로 해고 통고를 받았다. 이제 곧 1,000일, 그 1,000일이 되기 전에 일터로 돌아가겠다는 의지를 다졌다.

감옥 문처럼 육중한 서울 가산디지털단지 안 기륭전자의 철문 앞, 농성 천막은 지난해 여름 찾았을 때 있던 그 자리에 그대로 있었다. 200명으로 시작한 파업에 남은 조합원은 20명도 안 된다. 머리칼이 잘려나가는 모습에 조합원들은 소리 죽여 눈물을 훔쳤고 주위는 처연해졌다. "머리카락이 잘립니다. 우리의 설움이, 저 더러운 자본의 탐욕이 저렇게 싹둑 잘려나갔으면 좋겠습니다. 비정규직의 고통이 잘리고, 노동자·농민·민중을 억압하는 저 더러운 것이 뿌리까지 싹둑 잘렸으면 좋겠습니다."

고속철도(KTX) 여승무원들의 싸움이 공기업 비정규직의 최장기 투쟁이라면, 기륭전자는 중소기업 비정규직의 최장기 투쟁 현장이다. 이랜드·뉴코아 노동자들은 17일 파업 투쟁 300일을 맞았다. 이석행 민주노총 위원장은 "이랜드 그룹과 싸워 이기지 못하면 민주노총 깃발을 내리겠다"고 호언했다. 비정규직 노동자들에 대한 연대 의식을 찾기 어렵다면, 민주노총도 종이호랑이 소리를 들어야 할 것이다. 자본과 정권에게 "강성 노조 때문에 투자하기 어렵고 투자를 못 하니 일자리가 창출되지 않는다"는 따위의 빌미를 주는 그 '강성 노조'의 속살을, 이랜드 투쟁은 아프게 드러내고 있는 중이다.

인천 부평구청역 지엠대우 공장 앞에는 또 다른 천막이 있다. 지엠대우 비정규지회 노동자들의 농성 천막이다. 지난해 9월 2일 비정규 노조를 설립한 지 일주일 만에 여지없이 징계와 해고를 당했다. 지엠대우의 비정규직 2,300여 명 가운데 100여 명이 조직되었으나 지금은 30명가량만 남았다. 박현상 조직부장은 교통관제 탑에서 65일을 버텼다. 다리를 펴고 잘 수 없는 공간이다. 음식과 배설물은 가는 줄로 연결된 밑의 조합원이 조달하고 처리했다. 지금은 이대우 지회장이 고공농성 48일째이고, 이용우 연대사업부장은 단식 중이다. 한강대교, 마포대교에서도 고공농성을 벌였지만 회사는 움쩍도 하지 않는다.

정규직 노조의 연대 의지가 정규직 조합원들의 연대 의식을 반영한다면, 지엠대우의 그것은 초라하다. 7년 전 대우차에서 정리해고됐던 1,750명의 노동자들에 대한 경찰 '폭력' 사건을 기억하는 이가 있을 것이다. 그 노동자 가운데 대부분이 복직돼 정규직으로 일하고 있다. 그들조차 거의 나서지 않는다. 황호인 비정규 부지회장

은 말했다. "정리해고됐던 경험이 움츠러들게 하겠지요. 이젠 나이
도 마흔을 넘었고 자식들도 대학 보내야 하고……."

하지만 그들조차 모른 체한다면 과연 누구에게 연대를 기대할 것
인가?

—홍세화, "정규직 노조도 외면…… '우리는 오늘 또 삭발합니다'",

〈한겨레〉 2008. 4. 18.

만약 현장에 가지 않았다면 어떤 기사가 나왔을까? 그저 육하원칙
에 충실한 보도기사에 멈췄을 것이다.

이 사건은 다른 종이신문에는 한 줄도 나오지 않았다. 기륭전자 노
동자 투쟁이 오래되고, 고공농성과 단식농성처럼 험한 투쟁이 이어
지니, 삭발하는 것은 뉴스거리도 아니라고 생각했다. 홍세화는 그 뉴
스거리가 되지 않은 곳에서 취재하고, 기사를 썼다. '과연 누구에게
연대를 기대할 것인가?'라는 질문을 세상에 던지면서.

취재란 뉴스를 쫓아다니는 것이 아니라 뉴스를 찾아내는 일이다.

쫄지 마, 인터뷰

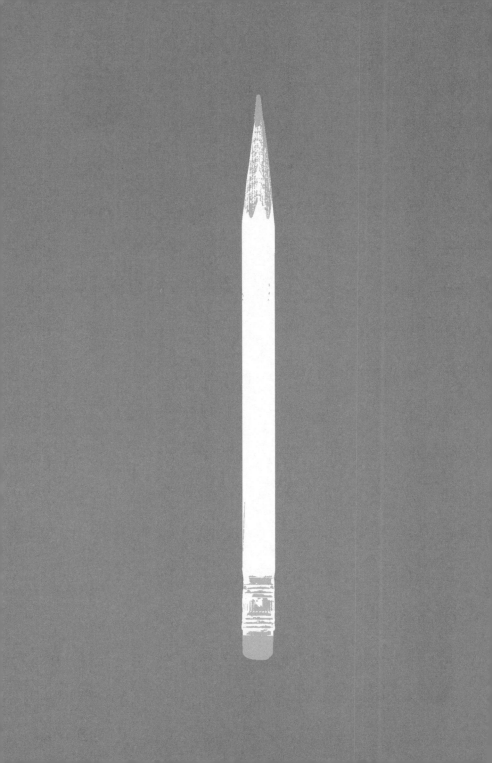

이웃사촌이 되는 인터뷰

인터넷이 발달하여 순식간에 숱한 사건들이 세상으로 퍼져 나간다. 언론사들도 남보다 한 발 먼저 알리려고 혈안이다. 이런 판국에 일하는 사람들이 글을 쓴다는 게 우스운 이야기처럼 들릴 수도 있다. 하지만 걱정 마라. 일하는 사람이 써야 할 이야기는 따로 있다.

연예인은 발목만 삐어도 언론에서 난리다. 하지만 일하다 사람이 죽어도 일단짜리 기사 하나 써주지 않는 경우가 허다하다. 속보 경쟁을 하느라 언론사들이 난리를 쳐도 일하는 사람이 쓰지 않으면 알려지지 않는 일들이 많다. 그러니 기자들 흉내 내지 말고 나만이 쓸 수 있는 글감을 찾자.

여기서는 인터뷰 글쓰기를 살핀다.

인터뷰를 하려면 몇 가지 준비물이 필요하다. 연필, 수첩, 녹음기, 사진기다. 이 준비물을 쓸 때도 있고, 쓰지 않을 때도 있다. 하지만 말 걸기를 할 때는 몸에 꼭 지녀야 할 물건이다.

인터뷰를 할 때, 녹음기나 노트북을 꺼내면 취재원은 긴장을 한다. "안녕하세요?"라고 말하던 사람이 "안녕하셨습니까?"라고 한다. 말의 끝맺음도 "그랬어"가 "그랬습니다"로 바뀐다.

얼마 전, 천안의 한 공장 노동자의 이야기를 녹음했다. 친구처럼 이야기하던 분이 녹음을 시작하겠다고 하니 말이 확 바뀐다. (취재원에게 녹음을 한다는 건 꼭 밝혀야 한다.)

"연제문입니다. …… 저희 쌍용하고 삼성에 납품했고요. 국내에서는. 외국에는 닛산 쪽에 지엠 쪽에 납품을 좀 했었습니다. …… 자동차하고 현대중공업 중장비에 들어가는 콤퓨레샤를 좀 했습니다. …… 저희는 로터리식으로 해가지고 생산했습니다. …… 가공에서 근무했습니다."

대부분의 말이 '~습니다'로 끝난다. 충청도 말도 어느새 사라졌다. 자세도 바뀐다. 허리를 곧게 펴고 앉는다. 자신이 할 말을 가슴에서 끌어내는 일보다 어떻게 말할 것인가에 신경을 쓰니 질문에 대한 답이 딱딱 끊긴다.
녹음기가 아닌 수첩만 꺼내도 이런 일이 생긴다. 때론 취재를 하겠다는 말만 들어도 '~습니다'로 바뀐다.

물론 걱정하지 않아도 된다. 어떻게 이야기를 이끌어 가느냐에 달렸다. 어색한 '~습니다' 분위기는 2~3분 이내, 길어도 5분 이내에 끝나니까.

하지만 끝까지 '~습니다'로 마무리하는 경우도 있다. 결국 취재 수첩에는 듣지 않아도 알 수 있는 내용만 남는다. 상대의 가슴을 열어주지 못했기 때문이다.

"내가 당신을 취재합니다."

이 느낌을 빨리 없애야 한다.

연제문 씨는 5분도 지나지 않아 '~습니다'가 완전히 사라졌다.

"한 거는 없어요. 없고. 오자마자 발레오가 시도했던 것들이 그룹 전체적으로 작업복을 통일하는 것들, 그리고 기계하고 벽 색깔을 발레오 색깔로 스탠다드 해가지고 고거 색을 칠하고 바닥도 여러 번 칠하고 그게 거의 전부지 뭐."

충청도 억양이 자연스럽게 어우러져 나온다. 인터뷰어와 인터뷰이 사이에 있는 거리를 없앴기 때문이다.

말을 편안히 하다가도 녹음기가 눈에 들어오면, 인터뷰이는 움찔한다. 그래서 서로의 눈에만 집중하게 만들어야 한다.

수첩에 적어둔 질문에 너무 얽매이면 안 된다. 상대는 그 순간 취재를 당한다고 여겨 몸을 움츠린다. 상대의 이야기에 쭉 빠져들어 막

걸리를 나누는 분위기를 유지해야 한다. 상대가 하고 싶은 말이 끝나고 나서, 내가 준비한 질문 가운데 빠진 것이 없나 점검하고 물어도 늦지 않다. 혹시 그 자리에서 하지 못했다면, 다시 만나면 되는 것 아닌가.

질문도 수첩에 있지 않다. 인터뷰의 말 속에 다음에 무엇을 물어야 할지가 담겨 있다. 취재원의 말에 귀 기울이면 다음 질문이 나온다. '취재원과 눈 맞추기.' 이는 취재원에 대한 예의다.

다음은 발레오 연제문을 인터뷰한 뒤 쓴 기사다.

발레오 이야기

2010년 2월 10일 오전 10시께, 설 연휴를 사흘 앞둔 날. 충정로에 있는 프랑스대사관 앞으로 갔다. 비자를 발급받으려는 사람들 열댓 명이 있을 뿐 고요하다. 오늘 이곳에서 만나기로 한 이들은 천안에 산다. 발레오공조코리아(발레오)라는 프랑스 다국적기업이 인수한 회사다. 발레오는 한일합작으로 대한공조로 출범하여 일본, 프랑스 자본으로 옮겨 다녔다. 2005년에 발레오가 지분 100퍼센트를 소유하게 된다.

2008년 자료에 따르면, 발레오는 전 세계 27개국에 121개의 공장, 61개의 연구개발센터, 9개의 유통센터, 54,000명의 직원을 가진 세계 최고를 자부하는 회사다. 천안에 있는 발레오는 187명의 직원이 일하고 있고, 생산직은 146명이다. 천안공장에는 콤퓨레샤를 주로 생산하여 르노삼성, 쌍용차, 지엠, 닛산, 마쓰다 등 국내외의 자동차 회사에 납품한다.

연제문 이야기

발레오에 다니는 연제문 씨가 있다. 1991년 청주기계공고 3학년 까까머리 때 발레오에 입사하였다. 이곳에서 근무를 하며 국방의 의무도 마쳤고, 결혼도 했고, 두 사내아이도 낳았다. 연제문 씨가 철들고 한 모든 일은 발레오라는 회사 이름과 함께 했다. 2008년에 산업재해를 당한 연제문 씨가 1년 요양과 치료를 마치고 공장에 다시 출근했을 때 그를 기다린 것은 작업복도, 기계도 아니다. 기가 막히게도 해고통지서였다.

회사는 직원들과 한마디 상의도 없이 10월 26일 청산을 결정한다. 나흘 뒤인 10월 30일 전 직원들에게 퀵서비스를 통해 해고통지서를 보낸다. 구조조정을 하는 것도 아니고 아예 청산을 할 회사가 어떻게 한마디 상의도 없이 직원들의 생계가 달린 일터를 공중분해 시킬 수 있단 말인가. 직원들은 그저 멍해질 수밖에 없다.

청산의 이유는 간단하다. 발레오는 전 세계에 숱한 공장이 있으니 공장 하나 날리는 것은 아무것도 아니다. 이제껏 천안공장에서 벌어들인 돈보다 더 싼 인건비로 더 많은 돈을 벌어들일 수 있다면 공장 하나쯤 날리는 거야 식은 죽 먹기다. 이 오만함이, 사람을 사람으로 보지 못하는 자본의 악독함이 187명의 생계를 하루아침에 끝장낸 것이다. 사회복지가 엉망인 대한민국에서 노동자 일터를 빼앗는 것은 뻥 뚫린 고속도로고, 청산된 노동자가 살 길은 첩첩산중이다. 대한민국 대통령님과 도지사님이 비싼 비행기를 타고 해외에 나가고 규제를 풀어 다국적 자본의 천국으로 만들며 달성한 위대한 외자유치 세일즈의 현주소다.

설 이야기

발레오에서 삶이 청산당한 노동자들은 사람의 목숨보다 먼저 숨을 끊은 공장 기계 옆에서 시한부의 숨을 헐떡이며 설을 맞이한다. 차가운 바닥에 스티로폼을 깔고 그 위에 놓인 침낭에 번데기처럼 온몸을 구겨 넣고 설날 아침을 맞이한다. 자식들이 올리는 세배 대신 동료들과 구호를 외치며, 부모님께 올릴 새해인사 대신 투쟁가를 부르며 설날 아침을 맞이한다. 전기열선으로 데운 물로 고양이세수를 한 뒤 투쟁조끼를 입고 설날 아침을 맞이한다. 한국 실정법에 맞춰 공장을 없앴으니 그만이다, 라고 오만을 부리는 프랑스 자본에 대한 분노를 씹으며 설날 아침을 맞이한다. 내 인기만 누리면 그만인 한국 정치인들의 속 빈 강정 같은 외자유치를 선물로 받은 노동자들이 떡국 대신 그 강정을 씹으며 설날 아침을 맞이한다.

— 오도엽, "퀵서비스로 187명 해고하고, 회사 청산이라니", 2010. 2. 12.

남성 노동자를, 그것도 짧은 시간 만나 기사를 쓰는 일은 쉽지 않다. 대부분 취업할 때 말고는 인터뷰라는 걸 해본 적도 없다. 공장에

매미처럼 달라붙어 일만 하던 사람이 아닌가. 특히 자신의 삶이 고될 때는 분노가 치밀어 욕만 하지 이야기를 늘어놓지 않는다. 술을 마셔도 쉽게 자신의 삶을 꺼내지 않는다. 잘나가던 시절의 허풍(?)으로 현재를 감춘다. 유독 남자들이 군대나 정치 이야기에 매달리는 까닭도 여기에 있다.

그땐 기자이기를 포기해야 한다. 말동무가 되지 않고서는 아무런 이야기를 들을 수 없다.

취재하기 어려운 곳 중 하나가 쌍용자동차였다. 3년의 시간 동안 22명이 목숨을 끊었다.

2009년, 77일 동안 공장에 몸을 가두고 싸워야 했던 그들은 전쟁을 치렀다. 그 전쟁이 끝나고 반년이 지난 뒤 평택을 찾았다. 정리해고의 뒤끝은 참담했다. 어찌 사느냐, 물을 필요도 없었다. 그들의 얼굴에 고스란히 적혀 있었다. 신경이 얼마나 날카로운지, 말을 건네기도 힘들었다. 취재를 포기했다. 그저 같이 밥을 먹고 길을 걸으며 정리해고자의 그림자가 되어 졸졸 따라다녔다.

그때 쓴 글이다.

이일재 씨는 무거운 몸을 이끌고 중장비 학원으로 갑니다. 단 1시간이라도 푹 잠들 수 있다면……. 밤새 몸을 뒤척이다 새벽을 맞곤 합니다. 그날 이후, 이일재 씨의 밤은 악몽과 끝없는 사투입니다.

잠에서 깨면 온몸이 땀으로 뒤범벅입니다. 어김없이 새벽은 밝아오지만 삶은 어두운 밤에서 깨어날 생각을 하지 않습니다. 밤이 무섭습니다. 지난여름 이후…….

이일재 씨는 학원에서 지게차와 포클레인을 운전하는 시간만은 모든 걸 잊으려고 노력합니다. 어서 빨리 중장비 자격증을 따는 길이 지루한 악몽에서 벗어나는 일이기에. 이일재 씨는 쌍용자동차 해고자입니다. 자신이 왜 해고를 당했는지 모릅니다. 스무 해를 다녔던 쌍용자동차는 이일재 씨의 첫 직장입니다. 어느 날, 산 자와 죽은 자로 공장 동료들이 나뉩니다. 이일재 씨는 죽은 자가 됩니다. 이력서에 적을 내용이라고는 '쌍용자동차 20년 근무' 밖에 없는 마흔여섯의 이일재 씨. 중장비 자격증을 따서 취업을 해야 남편으로, 아버지로 간신히 살아남을 수 있습니다.

지난해 쌍용자동차를 떠난 사람은 3,000명에 이릅니다. 누구도 공장을 떠나고 싶어 나간 사람은 없습니다. 희망퇴직 혹은 정리해고. 어느 쪽도 선택이 아닙니다. 날벼락처럼 덮친 운명. 그날 이후로 발을 뻗고 잠들지 못한 사람들이 숱합니다. 이일재 씨처럼.

쌍용자동차 해고자들은 어찌 살고 있을까? 반년이 지난 2010년 2월 평택을 찾아갑니다. 다시는 가고 싶지 않은 도시. 이성보다는 야만이 지난여름을 불지옥처럼 달군 쌍용자동차. 물이 그리운 이들에게 하늘은 한 방울의 비도 허락하지 않았던 곳. 헬기의 괴성과 방패를 시멘트 바닥에 내리찍는 소리가 "해고는 살인이다"라는 외침을 집어삼킨 전쟁터. 내비게이션의 안내에 따라 운전을 하건만 몇 번이고 쌍용자동차로 가는 길을 놓칩니다.

이제는 얼굴을 볼 수 없는 사람도 있습니다. 뇌출혈로, 심근경색으로, 때론 스스로 자신의 삶을 마감한 사람들. 목숨이 아직 살아있는 해고자들은 발버둥을 칩니다. 살아남기 위해. 인력시장을 통해 공사장 잡부로 나갑니다. 밤을 지새우며 올빼미처럼 대리운전을 합니다. 시급 4,500원을 받으며 택배 아르바이트를 합니다. '죽은 자'의 멍에에서 도망치려고 일자리를 찾아 아등바등합니다. 발이 닳도록 고용센터를 들락거리며 이력서를 쓰지만 입사는커녕 면접 보러 오라는 소식조차 없습니다. 다니던 학원을 그만둔 자식들, 식당으로 옷 가게로 돈벌이를 나가는 아내를 보며, 무능한 자신의 가슴에 못질을 합니다.

쌍용자동차에서 해고된 올해 마흔둘의 이영호 씨. 부모님도, 아내도 이젠 쌍용이라는 회사가 싫으니 인연을 끊으라고 이영호 씨에게 '강요'합니다. 하지만 이영호 씨는 공장에서 함께 쫓겨난 동료들을 만나러 집을 나섭니다. 2월 25일 오전 7시 30분, 비 내리는 쌍용자동차 정문 앞. 예전에 한솥밥을 먹었던, 다행히 '살생부'의 명단에서 빠져 살아남은 이들이 바쁘게 공장 안으로 들어갑니다. 유난히 큰 눈으로 정문 앞을 바라보는 이영호 씨의 얼굴이 촉촉이 젖습니다. 비가 내려 다행입니다. 빗물이 설운 눈물을 지웁니다.

"작년 쌍용자동차 문제로 평택이 고용특구로 지정됐는데, 실제로 (실직자들이) 받는 혜택이 없어요. 평택시와 노동부 통계를 보니까 쌍용자동차 실직자 가운데 지난해 연말 기준으로 650명 정도가 취업했다고 그러더라고요. 이 가운데 30프로는 자영업이고. 나머지 취업한 사람들 대부분은 구인구직 프로그램으로 취업된 것이 아니고 친인척이나 아는 사람을 통해 취업했어요. 그 가운데 70명은 다시 직장을 그만뒀어요. 지금 1,700~1,800명이 실업 상태로 있는 거예요." - 이영호 씨

정부는 2009년 8월 13일 평택을 고용개발촉진지역으로 지정합니다. 노동부와 평택시가 쌍용자동차 실직자들의 재취업을 돕겠다고 떠들지만 성과는 초라합니다. 이력서에 쌍용자동차 경력이 들어가면 아예 면접 볼 기회조차도 주어지지 않는 현실의 장벽이 두툼하게 놓여 있습니다.

최철호(가명) 씨. 거짓말을 보태지 않고 100군데 가까이 구인을 한다는 곳은 빠지지 않고 이력서를 넣습니다. 하지만 어느 곳도 연락이 오지 않습니다. 최근에 쌍용자동차 근무한 내용을 빼고 이력서를 넣자 한 중소기업에서 면접을 보러 오라는 연락이 왔습니다. 들뜬 마음으로 달려갔지만 참혹한 말에 기가 죽습니다.

"쌍용차 다닌 걸 빼니까 면접 보러 오라 하더라고요. 갔더니 어찌 알았는지, 왜 쌍용차 다닌 것을 쓰지 않았느냐고 묻더라고요. 하도 취업이 안 돼서 그랬다고 했더니, 쌍용차 다닌 분들은 받지 않는다고, 미안하다 그러며 가라 하더라고요." - 최철호 씨

이후로 최철호 씨는 이력서를 쓰지 않습니다. 이력서를 쓸 필요가 없는, 몸뚱이가 이력서가 되는 건설현장을 찾아갑니다. 최철호 씨는 평택 미군기지 건설현장에 자주 갑니다. 그곳에서 일하는 일용잡부 가운데 100여 명은 최철호 씨와 함께 공장에서 일했던 쌍용자동차 동료들입니다. 이들과 마주치기 싫어 안산이나 송탄의 아파트 공사현장을 찾아가기도 합니다. 하지만 그곳에서도 심심찮게 동료들과 마주칩니다. 반가움보다는 계면쩍은 마음이 앞서 서로를 외면합니다.

"아니, 쌍용자동차 다닌 게 무슨 죕니까? 20년을 쌍용차에 다녔어요. 이력서에 쓸 게 없어요. 쌍용차 빼면. 고용특구 지정하면 뭐합니까? 희망퇴직을 했든 정리해고를 당했든 상관없어요. 파업에 참여했든 안 했든 관계없이 쌍용자동차에 다녔다면 무슨 폭력집단에 있었던 사람처럼 색안경을 쓰고 보니 어디 취업이 됩니까? 이젠 더러워서 이력서 안 씁니다." - 최철호 씨

최철호 씨는 작업복 가방을 어깨에 힘겹게 걸고 집으로 갑니다. 오늘은 비가 와서 공친 날입니다. 혹시나 하며 작업복을 챙겨 집을 나섰지만 역시나 오늘 하루 그가 팔릴 현장은 없습니다. 공친 날, 대낮에 텔레비전을 켜고 멀뚱히 앉아 아내와 자식 얼굴을 맞이할 생각을 하니 가슴이 터질 것 같습니다. 소주 한 병을 사서 작업복 가방에 쑤셔 넣습니다.

올해 마흔의 정완석 씨도 쌍용자동차에 16년을 다니다 해고되었습니다. 만약 로또 1등에 당첨된다면 "뒤도 돌아보지 않고 이민을 가겠다"고 합니다. 정완석 씨는 이 땅이 왜 지긋지긋할까?

"내가 왜 해고가 된 건지 모르는 거예요. 내가 회사 물건을 빼돌리다 걸려서 해고되면 이해가 되는데 그냥 조용히 16년 동안 일만 했는데 하루아침에 해고통지서를 받았는데, 그런 게 잘못된 거잖아요." – 정완석 씨

쌍용자동차에서 해고된 사람들 대부분이 자신이 왜 해고가 됐는지 모릅니다. 소방호스에서 질금질금 흐르는 물로 양치질을 하며, 주먹밥으로 한 끼를 때우고, 최루탄과 경찰의 방패와 곤봉에 온몸이 만신창이가 되며, 77일간 자신의 몸을 공장에 묶은 채 고통을 당한 까닭은 내가 왜 해고가 되어야 하는지 몰랐기 때문입니다. 그리고 반년이 흘렀지만 아직도 물음표로 남아 있습니다.

"막대한 힘과 돈을 풀어서 이념전쟁을 시킨 거하고 똑같더라고. 전쟁. 공장 안의 남북전쟁. 산 자와 죽은 자를 만들어, 나라가 망한다는 위기의식을 퍼뜨려가지고 니들 때문에 회사가 망했다, 선전하는 거지. 산 자들에게는 니들이 나서서 쟤들을 무찔러야 산다, 그러며 노동자끼리 싸우게 만들고 말이에요. 처음에 병아리였죠. 내가 왜 해고를 당해야 하지? 병아리 같은 마음으로 출발했다고. 근데

점점점 지나면서 회사가 싸움닭을 만들더라고. 싸움닭이 나중에는 공룡이 되고, 공룡이 괴물이 되고, 이제 마녀사냥을 해가지고 폭도들이다. 쉽게 말하면 반정부세력이다. 이런 쪽으로 몰아가는 거야. 그리고 벼랑으로 뚝 떨어뜨리는 거야." - 이일재 씨

이일재 씨는 지난해 이념전쟁을 치렀다고 합니다. 해고자들이 취직이 되지 않은 이유는 '선입견' 때문입니다. 해고를 당하자 일하고 싶다며 병아리 같은 마음으로 나선 이들을 공권력과 경영진들은 붉은 페인트로 도배질합니다. 쌍용자동차를 망치고 한국 경제를 무너뜨리고 국가를 전복시키려는 세력으로 덮어씌웁니다.

여주가 집인 김길용(가명) 씨는 쌍용자동차 기숙사에 머물면서 주말부부 생활을 하며 쌍용자동차를 다녔습니다. 지금은 해고자이자 실업자입니다. 개인택시를 할까 싶어 택시 면허를 땄지만 1억이라는 돈이 있어야 개인택시를 살 수 있다는 말에 포기합니다. 아내가 학교 보조교사로 나가 한 달에 50만 원을 벌고 있습니다. 110만 원씩 받던 실업급여는 오는 4월 22일이 되면 끊깁니다. 그전에 어떤 일자리든 구해야 하는데, 앞날이 깜깜합니다.

"저 같은 경우도 지금 잠을 못 자요. 회사에서 받은 배신감이 떠나지 않아요. 아침까지 잠을 설치죠. 새벽에 일찍 일어나 멍하니 있는 거예요. 걱정이 되어서. 무얼 하긴 해야 되는데 받아주는 데는 없고, 그렇다고 해서 돈이 있는 것도 아니고." - 김길용 씨

다니던 학원을 그만둔 자식들을 보고 있자면 김길용 씨 가슴은 미어터집니다. 좀 못 먹고, 못 입더라도 자식들이 배우고 싶은 것은 어떻게든 가르치겠다는 마음으로 허리띠를 졸라맨 김길용 씨. 이제는 학원비가 아니라 급식비를 고민해야 할 때가 멀지 않았습니다.

올해 마흔 살인 최영호 씨는 지난 2월 12일 교도소에서 나왔습니다. 최영호 씨는 자신이 석방되어 집에 돌아간 날, 책상 위에 놓인 종이 한 장을 잊을 수 없습니다.

"집에 딱 갔는데 그게 있더라고요. 책상 위에 대출, 신용대출 용지가 있더라고요. 아내가 쓰지는 않았는데 어디서 받아놨는지 그게 있더라고요. 그걸 보면서……, 아, 마음이……, 지금도 계속 씁쓸하죠." – 최영호 씨

자신이 없는 동안 신용대출 신청서를 눈앞에 두고 수십 번을 멈칫멈칫했을 아내. 최영호 씨는 직장을 구하는 일보다 아내의 마음을 보듬어주는 게 먼저입니다. 아내는 최영호 씨에게 애원했습니다. 그깟 회사 그만두고 희망퇴직하고 나오라고. 아내는 물었습니다. 가정이 우선이냐, 동료가 우선이냐? 최영호 씨는 희망퇴직 대신 부당한 해고에 맞선 파업을 선택합니다. 그 선택은 해고자 낙인 위에 전과자 낙인을 더 찍게 됩니다. 아내는 남편의 선택을 이해는 할 수 있지만 서운함마저 지울 수는 없습니다. 그걸 최영호 씨는 압니다.

고등학교 때 만난 첫사랑이 지금의 아내입니다. 7년간의 열애 끝에 결혼했고, 이제 20년 지기입니다. 어떤 어려움이 있어도 아내와 함께 인생을 걸고 싶습니다. 석방된 뒤로 집에서 설거지와 청소를 도맡아 합니다. 너무 가까운 존재라 잊고 지냈던 아내에게 다시 20년 전 첫사랑의 마음으로 다가가 대화를 나누려고 노력합니다.

병역의무를 마치고 쌍용자동차에 입사했을 때 최영호 씨의 소망은 소박합니다. 이곳에서 평생 일하고 싶다. 사랑하는 이와 결혼해서 아이들도 키우고 노후를 준비하겠다. 쌍용자동차에서 쫓겨나는 순간, 그 꿈은 흐릿하게 사라집니다. 이제 어떻게든 살아남아 사랑하는 아내와 아이들을 잃지 않아야 합니다.

서울로 돌아오는 길, 아직 비가 내립니다. 쌍용자동차 해고자의 삶을 취재할 때가 '아직은' 아닙니다. 아무것도 바뀐 것이 없습니다. 이들은 여전히 해고자이고, 이들이 내민 이력서에는 '사회에서 추방'이라는 붉은 낙인이 여전히 찍혀 있습니다. 처참한 절망을 확인, 또 확인하는 과정이 되풀이되고 있을 뿐입니다. 77일간의 옥쇄 파업은 공권력과 자본의 무자비한 공격을 받아 끝이 났지만, 해고 노동자의 삶은 정부의 약속과 달리 생존권이 봉쇄를 당한 채 더 큰 고통을 강요받고 있습니다. 파업 이후, 쌍용자동차 해고자의 삶은 세상에서 봉쇄되었습니다. 다시 옥쇄를 선택할지 모릅니다. 옥처럼 아름답게 부서져 사라지는 것마저도 '봉쇄'된 이들의 삶 앞에 따뜻한 봄비가 되지 못하는 차가운 겨울비가 억수로 쏟아집니다.

—오도엽, 『밥과 장미』, 삶이보이는창, 2010.

자신의 이름조차 밝히기 꺼렸던 이들의 그림자가 되어 발자국을
쫓았을 뿐이다. 스스로 가슴을 열 때까지 기다렸다.

취재란 친구 사귀기의 다른 말이다.

질문이 없는 인터뷰

녹음기를 켜는 순간, 인터뷰할 사람(인터뷰이)의 몸이 시험지를 앞에 둔 수험생처럼 움찔한다.

"편안하게 말하면 됩니다."

이렇게 말을 건네도 취재를 당하는 입장에서는 쉽게 편해지지 않는다.

"올해 나이는?"

"결혼은 하셨나요?"

호구 조사하듯 인터뷰를 시작하면, 인터뷰이는 더욱 긴장한다. 경찰서에서 취조받는 느낌이 들 수 있다.

인터뷰는 질문하고 답을 듣는 일이 아니다. 상대의 마음 깊숙한 곳에 감춰진 이야기보따리를 꺼내는 일이다. 눈앞에 앉은 이가 내 벗처럼 느껴질 때 비로소 인터뷰가 이루어진다.

'내가 당신을 취재하겠소.'

'뭔가 알아내고 말 거야.'

이런 느낌을 상대방이 받는다면 어찌 쉽게 말문을 열겠는가?

나는 주로 노동자를 만나기 때문에 일터 이야기로 말을 건다. 일터 이야기는 상대가 가장 자신 있게 말할 수 있는 내용이다. 눈뜨면 가는 곳이 일터다. 날마다 자신의 몸으로 겪는 일이다.

상대가 기계 가공을 한다면 선반이나 밀링과 같은 기계 이야기로 말을 건다.

"그거 굉장히 정밀한 거라 오차 맞추는 게 쉽지 않잖아요. 20년이면 베테랑이네요?"

"눈썰미가 예민하시죠? 벽에 걸린 액자가 약간만 기울어져 있어도 그냥 지나치지 못할 텐데."

대형마트에서 일하는 사람이라면, 내가 물건을 살 때 궁금하게 여겼던 것을 묻는다.

"손님들이 계속 밀려들 때, 화장실을 가고 싶으면 어떡해요?"

상대가 가장 쉽게 말할 수 있는 이야깃거리를 찾아야 한다.

인터뷰를 할 때 주의할 일이 있다. 내가 당신을 많이 알고 있다는 느낌을 상대에게 주어서는 안 된다. 그 느낌을 받는 순간 상대의 입이 닫힌다. 상대에게 당신을 잘 모르고 있다는 인상이나 당신에게 배우고 싶다는 느낌을 줘야 한다. 정말 궁금해서 묻는 것처럼 여기도록 해야 한다. 혹 잘 아는 내용이더라도 인터뷰이에게는 전혀 모르는 사람처럼 보여야 한다. (이건 가식이 아니라 취재원에 대한 존중이다.)

인터뷰이를 지도해서도 안 된다.

젊을 적 노동운동을 좀 했다는 사람과 함께 취재를 가서 인터뷰를 한 적이 있다. 이 '좀 했다는 분'은 그날 인터뷰이인 노동자가 한마디 하면, 두 가지를 가르치려고 한다. 노동자의 말이 끊기자 아예 노동조합에 대해 강연을 한다.

그날 취재는 완전히 망쳤다.

그리 똑똑한 사람에게 누가 자신의 말을 하고 싶겠나!

자신이 알고 있는 내용이더라도 상대의 목소리로 확인해야 한다. 상대가 말을 이어가지 못하고 멈출 때, 그 막힌 부분을 살짝 열어줄 정도의 역할만 해야 한다. 같은 내용이라도 누구의 목소리로 듣느냐에 따라 뜻이 달라진다.

나는 인터뷰를 한 뒤 녹음기를 두세 번 되풀이해 틀어놓고 듣는다. 그걸 듣다 보면, 뒤늦게 깨우친다.

'내가 너무 앞서서 말했구나. 가만히 있었으면 더 많은 이야기를 상대가 들려줬을 텐데.'

질문을 잘하는 것보다 잘 들을 줄 알아야 훌륭한 인터뷰다. 말을 잘 들으면 미리 준비해온 질문지를 보지 않아도 된다.

인터뷰이의 대답에 다음 질문이 숨어 있다.

인터뷰 전에 상대에 대한 조사를 많이 하면 선입견을 갖게 된다.

"이 사람은 이럴 것이다."

"이렇게 말할 거야."

위험한 일이다.

취재는 보이지 않는 것을 찾는 일이다. 선입견이 있으면 찾을 수 없다. 보이는 것조차 보지 못할 수 있다. 취재원의 목소리로만 수첩을 채울 수 있도록 하얀 백지 상태에서 만나야 한다.

아예 질문지를 만들지 않고 만나도 된다. 우선 상대와 친구가 되자는 심정으로 말이다. (이때도 취재 목적은 뚜렷해야 한다. 사전 준비를 하지 말라는 말이 아니다. 취재원이 그것도 모르고 취재 왔느냐고 짜증을 낼수 있다. 준비 없이 찾아가 묻는 일은 인터뷰이를 괴롭히는 일이다.)

알고 만나는 것과 알려고 만나는 것은 천지 차이다. 알고 만나면 취재야 빠르겠지만, 아는 것을 확인하는 일에 그칠 수 있다.

인터뷰는 확인의 과정이 아니다. 내가 알지 못하는 이야기를 찾는 일이다.

다음은 홍윤경이라는 노동자를 인터뷰하고 쓴 글이다.

(앞 줄임) 홍윤경. 그는 신앙인이다. 대학에서 전산학을 전공한 그가 이랜드를 선택한 이유는 단순하다. 순복음교회에 다녔던 홍윤경은 신앙 동아리에서 활동을 했다. 동아리 선배가 '신앙인이 와서 일을 할 곳이 이곳이다' 라는 한마디에 가차 없이 이랜드를 선택하였다.

스무 살의 홍윤경에게 일터는 단순한 돈벌이가 아니다. 신앙과 선교의 장이다. "교수님이 '니가 왜 그곳에 가려는지 이해할 수 없다'고 했어요. 이미 다른 직장에 합격을 했거든요. 근로조건이 더 좋은 것도 아닌데 이랜드로 간다니 교수님이 고개를 갸웃한 거죠."

입사한 그는 찬양팀에 들었다. 매주 월요일 일터에서 예배를 드리는데, 찬양팀은 앞에서 찬송을 인도하는 일을 한다. "근로조건은 열악하죠, 업무량은 많죠, 하지만 직장에서 신앙 활동을 할 수 있는 게 좋았어요. 노동조합을 만든 날도 예배 찬양팀장으로 찬송을 인도했어요. 예배 끝나자마자 조합 가입원서를 동료에게 돌렸고요."

자정이 되면 손님을 태우려고 택시 기사들이 찾는 장소 중에 하나가 신촌에 있는 이랜드 본사다. 그곳에 가면 야근을 마치고 집으로 가려는 손님들이 늘 있기 때문이다. 출근 시간은 일정해도 퇴근 시간은 알 수 없는 곳. 야근이 일상이 된 곳. 이랜드의 신앙경영이 이루어낸 성과다. '이랜드 신화'라 불리는 놀라운 성장의 비결도 여기에 있는 것은 아닐까.

1992년에 홍윤경은 이랜드 노사협의회 위원으로 선출되었다. 신앙인 홍윤경의 삶에 변화가 일어난다. "노동조합이 뭔지도 몰랐어요. 노동운동은 생각도 하지 못했고요. 급여는 적지, 일은 많지, 신앙심만으로 버티기는 힘겨웠죠. 좀 더 나은 근무조건을 만들자는 생각으로 참여했어요."

그해 노사협의회에서 급여를 25퍼센트 올렸다. 수치로는 높지만 그간 이랜드 성장에 바친 직원의 헌신과 희생에 비교하면 아무것도 아니다.

첫해 노사협의회가 끝나자 경영진은 긴장을 했다. 노사협의회를 하다가는 이제껏 직원의 희생으로 이룬 성장과 신화가 물거품이 될 위기였다. 경영진들은 노사협의회 위원 선거에 경영진 입장을 대변할 위원들이 뽑히도록 작업을 한다. 홍윤경은 위원을 사퇴한다. 1993년 노사협의회는 노동자의 목소리는 사라지고, 단 한 번 만에 협상을 마무리한다.

자연스럽게 '노사협의회로는 될 수 없구나' 하는 생각이 직원들에게 퍼진다. "노조를 만들지 않고서는 직원들의 근무조건이 바뀔 수 없다는 것을 깨우친 거죠. 학습모임이 생겼고, 노동조합에 대한 공부를 시작했죠."

6개월 뒤, 1993년 10월 이랜드 노동조합이 만들어졌다.

종교, 특히 기독교가 보수적이지 않은가? 노동조합운동은 진보적인데 신앙과 노조 사이에 갈등은 없었냐고 묻자, 생글생글 웃던 홍윤경은 표정이 바뀌며 따지듯이 말을 한다.

"예수가 있을 때 어디에 있었어요? 부자와 제사장 곁에 있었나요? 가난한 자와 약자의 곁에 있었잖아요. 어떤 이유로든 사람을 차별하지 않는 게 사랑이잖아요. 보수적인 신앙의 잣대로 보아도 노동조합과 기독교 정신은 나뉠 수 없어요."

노조 활동을 하면서 자신의 활동이 신앙과 구별되는 것이 아니라 신앙인이 당연히 해야 할 일이라는 것을 깨우친다. "선교는 노동자와 함께 있어야 해요. 노조가 선교의 길이고, 노동운동이 예수의 정신을 실천하는 거라고 믿어요."

십수 년 노동조합 활동을 하며 한 번도 갈등을 느끼지 않았다. 그는 노조 활동에서 참다운 사랑의 길을 찾고 있다.

홍윤경. 그는 이랜드 노동조합 위원장이다. 노조가 만들어지고, 교육홍보실장, 사무장, 부위원장을 거쳐 올해 위원장이 되었다. 그가 쉰 적은 둘째 아이를 낳을 때 육아휴직을 한 1년이다.

"좀 쉬려고 했어요. 바쁘게 살다 보니 제 몸만 깎아먹는 거 같았지요. 책도 한번 제대로 보지 못하고. 책도 보고 남의 이야기도 들으며 몸과 마음을 충전하고 싶었지요. 쉬고 싶다는 생각은 했어도 노동운동에 대한 갈등이나 살아온 길에 대한 후회는 손톱만큼도 없어요."

하지만 쉬고 싶다는 바람은 마음에 묻어야 했다. 몸도 정신도 지쳐가는 그에게 동료들은 위원장이라는 짐을 지워주었다. 쉽게 뿌리칠 수도 없는 상황이었다. 노조에 대한 탄압이 극심하여 쟁의를 벌이는 기간이다. 한 사람의 작은 힘이 아쉬울 때 쉬고 싶다고 말할 용기가 없었다. 쟁의 기간 중에 위원장이 되었고, 쟁의는 끝나지 않았다.

갈등은 없었다. 하지만 가슴 깊숙한 곳에 아픔은 있다.

"큰애가 18개월일 때 2000년 파업을 했어요. 큰애가 27개월이 될 때까지. 엄마 품이 한참 그리울 때, 일주일에 한 번 집에 갔으니……. 큰애를 볼 때마다 가슴이 아프죠." 늘 웃고 흔들리지 않을 것 같았던 그의 목소리가 떨리기 시작한다.

둘째 아이를 낳고는 육아휴직을 했다. 육아휴직은 쉬는 게 아니었다. 우울증에 걸릴 정도로 두 아이와 씨름을 했다. 그리고 다시 찾은 일터는 전쟁이었다. 회사는 노동조합과 맺은 단체협약을 약화시키려고 했고, 조합은 쟁의를 하며 노동조합을 지키려고 했다. 쟁의 기간에 위원장을 맡았다. 다시 가정에서 홍윤경을 사라지게 했다.

"밤 12시가 지나야 집에 들어가는 게 일상이죠. 애들을 돌봐주는 시어머니께 미안하고……. 애들도 엄마를 많이 찾고……. 남편도 많이 이해하고 도와주지만……." 당당하게 조합원을 만나고, 싸움을 이끌어가는 홍윤경. 한 번도 눈치채지 못한 아픔이 있다. 홍윤경의 고개는 탁자에 놓인 컵을 향해 숙여진다.

막힘없이 줄줄 이야기를 잇던 그의 입이 닫혔다. 좀체 다시 열리지 않는다. 예수의 사랑으로, 약자의 편에서 살고 싶은 홍윤경. 그에게는 노동자로, 노조위원장으로 사는 일과 함께 아이의 어머니, 며느리, 여성으로 살아가는 고뇌가 함께 놓여 있다.

내 입도 닫혔다. 침묵이 흐르자 늘 봐왔던 홍윤경으로 먼저 돌아와 입을 연다. 눈을 덮었던 긴 머리카락을 한번 쓸어 올리고, 천연덕스레 웃으며 덧니를 보인다. (가운데 줄임)

홍윤경은 조합원을 만나려고 홈에버 분당점으로 들어가고, 나는 지하철역으로 향한다. 자꾸 고개가 뒤로 돌아간다. 그가 계속 내 곁에 있는 착각에 빠진다. 내 귀에는 자신감 넘치며 쉼 없이 말을 하던 그의 목소리가 아직도 쟁쟁하다. 작은 몸, 갸름한 눈, 그가 뿜어내는 열정이 내 곁을 맴돈다. "당신 하는 일을 이해해. 하지만 꼭 당신이 해야 해? 애들한테는 누가 대신할 수 없는 엄마의 몫이 있어." 엄마의 몫? 홍윤경의 몫?

자신이 고갈되어 간다던, 책을 읽으며 고갈된 가슴을 채우고 싶다던 홍윤경. 그에게 엄마의 몫보다 홍윤경의 몫을 찾을 수 있는 시간을 주고 싶다. 세상을 펼쳐주고 싶다.

—오도엽, "늘 예쁘게 웃는 그에게도 아픔은 있다",
〈삶이 보이는 창〉 54호(2007년 1, 2월호).

단편소설 분량으로 썼는데, 뭉텅 잘라내고 짤막하게 소개했다. 잘라낸 부분은 이 기사의 알갱이다. 홍윤경이 노동조합에서 어떤 일을 했고, 그 일이 노동운동에 얼마나 중요한 영향을 미쳤는지를 썼다. 이 '알갱이'는 다른 기자들이 더 잘 정리했을 거다. 그래서 이곳에는 옮기지 않았다.

홍윤경은 글을 쓴 나보다 이 글을 더 좋아했다. 어찌 자신이 미처 정리가 되지 않아 하지 못했던 말을, 자신의 마음에 들어와서 훔쳐갔느냐며 따졌다. 아마 '홍윤경의 몫' 때문일 거다.

난 알갱이를 들으며, 호시탐탐 '시시콜콜'한 이야기를 찾았다. 보이는 홍윤경 안의 보이지 않는 홍윤경을 찾고 싶어서다.

이 글은 정규직인 홍윤경이 홈에버 비정규직 노동자의 대량해고에 맞서 싸우다 감옥에 갔을 때 재판정에 제출되었던 글이기도 하다.

인터뷰 기사는 인터뷰이를 세상에 알리는 글이다. 하지만 거기서 멈춰서는 안 된다. 인터뷰이 자신도 잊고 지낸 속마음을 찾아줘야 한다.

홍윤경은 해고된 홈에버 비정규직들이 일터로 돌아간 뒤, 자신의 몫을 찾는 시간을 가졌다. 그리고 지금은 영등포 산업선교회에서 비정규직 노동자의 눈물을 닦아주는 일을 하고 있다.

침묵과 기다림이 대화다

인터뷰는 기다림이다.

질문을 잔뜩 적어 가지고 가서 쉴 틈 없이 상대에게 말을 건다. 재치 있게 술술 말하는 사람도 있다. 하지만 대부분은 멈칫한다. 무엇을 말해야 할지 막막해하는 경우도 있다. 기억에서 대답을 끄집어내기까지 시간도 걸린다. 침묵이 흐른다.

침묵은 말을 건 사람이나 대답을 할 사람에게나 힘든 시간이다. 질문을 받는 사람은 이 시간을 그런대로 잘 참는다. 그런데 질문을 하는 사람은 이 시간이 조급하다.

'내가 질문을 어렵게 던졌나.'

'하지 말아야 할 질문을 했나.'

질문을 받은 사람보다 더 당황해 한다.

이때 질문을 거둬들이거나 다른 질문으로 바꾸기도 한다. 이 순간 소중한 이야기가 사라진다.

빨리 질문을 해야 유능한 인터뷰어가 아니다. 침묵을 만들 줄 아는 인터뷰어가 훌륭한 인터뷰다.

시험 볼 때를 생각해보라. 예상한 문제가 나올 때는 금방 답을 쓴다. 인터뷰도 마찬가지다. 인터뷰이가 빨리, 쉽게 답할 때는 인터뷰어가 뛰어나서가 아니다. 그만큼 자신이 감추고 빼고 보일 것을 미리 준비한 셈이다. 사실일 수 있지만, 진심이 가려져 있을 수도 있다.

인터뷰이가 감추려고 했던 말, 꺼내고 싶지 않았던 이야기를 찾아내는 게 취재다.

침묵이 흐르는 인터뷰를 두려워할 필요가 없다. 조급증을 낼 이유도 없다. 침묵의 시간을 조용히 기다리고 있으면, 인터뷰이는 더듬거리며 가슴에 묻어둔 이야기를 꺼낸다.

숨기려고 침묵하는 게 아니다. 지우고 싶었던 이야기는 기억에서 지워지기도 한다. 애써 외면하고 싶은 사건은 몸 깊숙한 곳에 숨어있다. 그래서 평상시에는 기억조차 나지 않는다.

경남 마산의 한 방직공장에서 일하며, 산업체 학교에 다녔던 이를 인터뷰했다. 그는 그 시절이 오래돼 기억이 나지 않는다고 했다. 침묵만 계속된 만남을 여섯 차례 가졌다. 일곱 번째 찾아간 날이었다.

"그 시절이 정말 힘들었어. 지우고 싶어 잊으려고 했어. 살면서 한 번도 떠올리려고 하지 않았어. 그랬더니 정말 잊었어. 요즘 그 시절 질문을 받고 나서 괴로웠어. 처음엔 정말 잊혔는지 생각이 안 났어. 그런데 지금 조금씩 생각이 난다."

이 말을 하더니 장장 6시간 동안 그 시절 이야기를 쉬지 않고 쏟아놓았다.

솔직히 일곱 번째는 화를 내려 갔다. '당신과 인터뷰 안 한다. 그 말 하는 게 뭐 힘들다고 일곱 번씩 찾아오게 하느냐!'

하지만 그게 인터뷰의 시작이었다.

처음엔 거짓인 줄 알았다. 그 전이나 후의 이야기는 생생하게 말했다. 그런데 산업체 학교에 다니던 시간만 기억하지 못한다니, 거짓이라고 생각했다.

만약 여섯 번의 침묵을 기다리지 못했다면, 내게 일곱 번째의 기회는 없었을 거다. 그 침묵의 시간이 당시에는 너무 괴로웠다.

일곱 번 만에 성공한 인터뷰 글을 소개한다. 내가 쓴 첫 인터뷰 글이기도 하다.

중학교를 졸업한 수천의 소녀들이 지긋지긋한 가난에서 벗어나려고 전국 방방곡곡에서 해마다 양덕동을 찾아왔다. 고등학교 졸업장을 손에 쥐려고 아침 밤낮이 바뀌는 삼교대의 노동을 견디며 공부를 한 곳이 양덕동이다.

이제는 한일합섬이 지배하던 기억을 지우려고 몸부림친다. 열여섯 소녀들이 잠을 자던 한일합섬 기숙사를 뭉개고 아파트 단지가 들어섰다. 한일여자실업고등학교는 한일전산여고로 간판을 바꿔 달았다. 2005년이 가면 헐리다 남은 한일합섬 공장의 마지막 가쁜

기침도 멈출 것이다.

열여섯에 한일합섬에 입사한 정미자. 이젠 서른다섯, 두 딸을 둔 용감한 아줌마다. 기억이 나지 않는다, 누구에게 들어라, 하며 열여섯의 기억을 떠올리는 것을 거부했다. 두 달에 걸친 설득은 번번이 퇴짜를 맞고, 마지막으로 '말하지 않는다고 없어지는 거야, 두고두고 후회할 거야' 라는 말도 되지 않는 화풀이를 하고 돌아서는 찰라, 그의 짧은 단발머리처럼 다부진 입술이 마침내 열렸다.

열여섯 소녀가 간 곳은 교도소

그는 충청도 월악산 골짝에서 태어났다. 위로 오빠가 둘, 언니가 셋, 아래로 남동생이 하나, 7남매의 여섯째다. 한일합섬에 왜 왔느냐고 묻자, "가난해서 왔지"라고 묻는 나를 민망하게 한다.

"부모님이 가라고 하지는 않았어. 그냥 가야 할 것만 같았어. 당연하게 생각했지." 충북 제천에 있는 신덕중학교에 다녔다. 한 학년이 200명 정도다. 인문계나 상업계 고등학교에 가는 학생들은 절반이 조금 넘었다. 나머지는 일하며 공부를 하는 산업체 학교에 가야 했다.

친구들은 충주에 있는 '대농'이라는 곳을 많이 갔다. 그는 집과 멀리 떨어진 곳으로 가고 싶었다. "한참 반항기잖아. 구속에서 벗어나고 싶었어. 우리 아버지 술 마시는 모습에서 떠나고 싶었지. 그리고 우리 아버지가 바람을 피웠거든."

그래서 찾은 곳이 경남 마산에 있는 한일합섬이다. 가을이 되면 전국의 산업체 학교에서 시골 중학교에 사람을 찾는 공고를 붙였다. 그중 하나가 한일여실(한일여자실업고등학교)이다. 집과 멀어지고 싶었던 그는 가장 멀리 있는 한일여실에 지원을 했다.

"한일여실은 아무나 못 와. 시험을 봐야 하거든. 시험에서 떨어지는 애들도 있어." 그만큼 한일여실은 가난해서 배움의 기회를 빼앗겨야 했던, 열여섯 소녀들에게 선망의 학교이기도 했다.

1987년 한일합섬 마산공장의 기숙사는 감방보다 더 힘든 곳으로 기억된다. 한 방을 8명이 함께 쓴다. 방이 얼마나 작은지 8명이 나란히 누워 자지 못했다. 양쪽으로 머리를 맞대고 4명씩 누우면 딱 맞았다.

기숙사는 5층 건물이 여러 동 있었다. 계단을 올라서면 시멘트 복도가 있고, 양쪽으로 방들이 쭉 있다. 화장실과 씻는 곳은 복도 끝 쪽에 있어, 그 층에 사는 사람들이 함께 쓴다.

"방문을 열고 들어가면 신발과 세면도구 놓는 곳이 있어. 왼쪽 벽에는 빨랫줄이 걸쳐있고 그 아래로 모포 개비 놓는 곳과 가방 놓는 데가 있지. 방문 맞은쪽에는 창문이 있어. 오른쪽에는 옷장이 있지. 방문 반 만한가? 그런 게 다섯 칸씩 위아래로 있거든. 8명이서 한 칸씩 나눠 쓰고, 두 개가 남잖아, 그걸 실장이 한 개 더 쓰고 이런 식이야."

옷장은 개인 사물함을 겸한다. 거기에 열여섯 사춘기 소녀의 모든 것을 담아야 한다. 옷장을 열면 책상으로 쓰는 조그마한 상이 있고, 그 위로 책꽂이가 있다. 상 아래에 소쿠리를 두고 속옷이랑

티셔츠를 개어 넣어둔다. 바지는 옷장 문에 접착식 걸이를 달아
건다. (아래 줄임)

—오도엽, "양덕동, 열여섯 꽃망울 피고 진 동네",
『저무는 골목에서 삶을 만나다』, 2005.

인터뷰를 끝내고 문을 나설 때, 비로소 진심을 꺼내는 경우가 많
다. 인터뷰이는 다른 질문에 답을 하면서도 '침묵했던 질문'을 끊임
없이 생각한다. 녹음기가 꺼지고 취재수첩이 사라지고 기자가 문을
열고 나갈 때, 그 침묵이 말이 되어 나온다.

취재를 마치면 곧바로 짐을 챙겨 돌아올 일이 아니다. 잠깐 길을
함께 걷든지, 다른 이야기를 나누든지 하며 인터뷰이에게 여유를 줄
필요가 있다.

기억력이 나쁜 나는 이럴 때 늘 곤혹스럽다. 받아 적을 수도, 녹음
을 할 수도 없으니 말이다. 그래서 그 뒤로는 늘 녹음기를 두 개씩 들
고 취재를 나간다. 취재원과 100미터 이상 떨어지기 전까지, 한 개의
녹음기는 늘 켜져 있다. (취재가 끝났다는 말을 하지 않았으니, 기자 윤리
에 어긋난 일은 아니다. 물론 취재원이 쓰지 않았으면 좋겠다고 한 말은 쓰
지 말아야 한다.)

침묵은 단절이 아니다. 대화의 가장 중요한 지점이다.
집에 돌아와 녹음기를 들을 때, 왜 이 순간에 말이 멈췄는지 그 침
묵의 이유를 찾아야 한다.

침묵은 대화다. 가장 중요한 말은 침묵에 있다.

침묵을 들을 수 있느냐 없느냐는 기다림의 마음가짐에 있다.

날카로운 질문과 뛰어난 대답이 있는 인터뷰보다는 침묵이 가득한 어눌한 인터뷰가 멋진 취재다.

샛길로 새는 인터뷰

인터뷰를 마쳤으니 이제 글을 쓴다.

무엇을 쓸 것인가?

보통 내가 듣고 싶었던 이야기를 쓴다. 인터뷰 내용 가운데 내가 하고 싶었던 이야기를 골라서 쓴다. 어떤 경우는 인터뷰이의 목소리 10퍼센트에, 내 재주 90퍼센트로 글을 짓는다.

인터뷰 대상 선정과 내용은 글 쓰는 이의 의도로 짜인다. 기자의 마음에는 이런 생각이 숨어 있다.

'인터뷰는 내 생각을 확인하는 과정이며, 내 생각을 인터뷰이를 통해 객관처럼 보이려고 하는 작업이다. 이미 인터뷰를 시작하기 전에 글의 90퍼센트는 써놓고 간다. 유능한 인터뷰어는 인터뷰이를 자신의 뜻대로 대답하게 이끄는 사람이다. 자기 생각과 다른 답이 나오면 끊임없이 말꼬리를 잡거나 유도 질문을 던져 결국 내 생각에 굴복하도록 만든다.'

뒷날 글이 나왔는데, 인터뷰이의 의도와는 전혀 다른 내용이다. 인터뷰이가 항의를 한다. 하지만 항의에 머문다. 자신이 한 말이기에 기자가 쓴 글이 거짓은 아니다. 답답하지만 하소연할 곳이 없다.

'내가 한 말인데 나는 아니다.'

이게 참된 인터뷰일까?

나는 이런 인터뷰나 인터뷰 글을 거부한다. 내가 인터뷰한 사람의 목소리가 고스란히 나와야 한다. 글에 글쓴이는 보이지 않아야 한다. 인터뷰이의 얼굴만 드러나야 한다.

나는 인터뷰를 갈 때, 사전 취재나 조사를 하더라도 머리를 하얗게 비워두고 상대를 만나려고 한다. 질문을 뽑을 때도 내가 알고 싶은 것을 찾기보다는 상대가 하고 싶은 말이 무엇일까를 고민하며 준비한다. 내가 인터뷰를 이끄는 게 아니다. 상대가 자신의 일기장에 일기를 쓰도록 도와주는 역할을 한다. 상대의 입이 닫히는 질문은 피하고, 상대의 마음이 열리는 질문을 한다.

정말 따져야 할 내용이 있을 때는 인터뷰를 마치고 다시 시작한다. 하고 싶은 말을 다 들어준 뒤에 껄끄러운 질문을 하면 인터뷰이도 너그럽게 답을 한다. 할 말도 들어주지 않고 따지면, 아예 말을 하려고 하지 않는다. (취재 가서 잘난 체하지 말자는 말이다. 아주 소수지만, 기자가 뭐 대단한 사람인 양 시건방지게 구는 경우가 있다. 이들은 사실 기자가 아니다. 기자는 어떡하면 진실을 듣고, 찾아낼 것인가를 고민해야 한다. 이게 기록자의 역할이다. 유식을 자랑하려고 취재하는 것이 아니다. 물론 토론하러 간 것도 아니다.)

나는 인터뷰를 마치면 녹음기를 되풀이해 들으며 녹취록을 작성한다. 절대 요약해서 정리하지 않는다. 숨소리, 웃음소리, 침묵까지 글로 적는다.

1차 인터뷰와 녹취록 작성은 사전 취재에 속한다. 진짜 인터뷰 준비는 이때부터 시작한다.

인터뷰이의 목소리를 통해 다시 자료를 찾는다. 침묵의 의미를 파악해 새롭게 질문을 준비한다. 인터뷰이가 한 말에 감춰진 진심이 무엇인지를 취재원의 마음이 되어 이해하려고 한다.

이 작업이 끝나면 다시 인터뷰를 한다. 전화로 하는 경우도 있다. 하지만 다시 찾아가 만나는 것보다 좋은 방법은 없다.

인터뷰 장소도 바꾼다. 일하는 현장을 파악하고 싶을 때는 일터로, 생활 모습을 알고 싶을 때는 집으로 찾아간다. 인터뷰 장소에 따라 같은 이야기도 달리 나온다. 직접 일하는 모습을 부탁하기도 한다. 그 모습에서 인터뷰이가 하지 못한 말이 무엇인지를 찾을 수 있다.

고향 마을을 찾아간 적도 있다. 어릴 때 다니던 초등학교를 물어간 적도 있다. 그곳에서 인터뷰이의 성장 과정을 느낀다.

서점에 가면 인터뷰 요령을 정리해둔 책들이 많다. 그중 꼭 알아두어야 할 내용에는 이런 내용도 있다.

'인터뷰이가 주제에서 벗어난 이야기를 하면, 샛길로 빠지지 않게 말을 끊어라.'

나는 일부러 샛길로 가도록 한다. 내가 듣고 싶은 이야기가 아니라 상대가 하고 싶은 이야기가 나올 때까지.

그러니 인터뷰 시간이 남들보다 길다. 온갖 자질구레한 이야기를 나눈다. 기사 쓰는 데는 도움이 안 될 시시콜콜한 것도 묻는다. 거기서 나만의 기사를 찾는다. 시시콜콜한 말 속에 내가 주제로 담으려고 했던 이야기가 풀려나온다.

인터뷰를 마치고 글을 쓸 때는 내 삶이 아닌 취재원의 삶을 살아야 한다. 인터뷰이의 목소리, 성격, 생활, 기억, 몸, 마음으로 살아야 한다.

연기자가 배역을 맡으면 자신이 아닌 캐릭터의 성격과 행동으로 살아간다고 한다. 글도 마찬가지다. 인터뷰이의 삶을 내가 살지 않고서는 제대로 된 인터뷰 글이 나올 수 없다. 카메라 앞에 선 연기자처럼 인터뷰이의 삶을 연기하는 게 인터뷰 글을 쓰는 자세이다.

인터뷰는 나를 버리는 게 아니라 나를 찾는 시간이다. 나의 생각주머니를 키우는 일이다. 벗을 얻을 수 있어 소중한 일이기도 하다.

인터뷰, 어렵게 생각하지 말자.
요령이나 기술을 익히려 하지 말자.
그저 나를 비우자.
그럼 나를 찾는다.
이웃의 삶을 쓰는 일은 자신을 쓰는 일이기도 하다.

다음은 1980년대 초반 노동자의 투쟁을 기록하려고 인터뷰를 시도했다가 샛길로 샜던 내용을 글로 쓴 것이다. 샛길로 빠졌지만, 내가 소중히 여기는 글이다.

머리카락을 사러 다니던 시절이 있었습니다. 돈이 필요해 머리카락을 잘라 팔던 시절이 있었습니다.

혹시 가발이 한국 수출의 일등 공신이라고 박수를 받았던 시절을 기억하십니까?

한국전쟁 이후 우리 경제가 선택할 수 있었던 산업의 폭은 넓지 않았습니다. 가발이 한국 수출의 주역이었다는 역사가 내게 아름답기보다는 아프게 다가오는 이유는 왜일까요.

어머니는 머리카락을 팔아 그 돈으로 채소 행상의 밑천을 삼아야 했던 과거. 그 딸은 초등학교도 제대로 나오지 못하고 열네 살의 나이에 가발공장에서 일하는 기막힌 모습을 상상해봅니다. 절로 가슴이 아려옵니다.

구로동 가발공장

서울 구로동에 '주식회사 서통'이라는 회사가 있었습니다. 가발을 만들어 수출하는 공장이지요. 1,500명이 넘는 여성노동자가 그곳에 살고 있었지요. 그들의 나이는 열네 살에서 시작합니다. 대부분 시골에서 올라온 소녀들입니다. 90퍼센트가 넘는 사람들이 기숙사 생활을 하고 있었지요.

기숙사는 공장 담장 안에 있어요. 복도 양쪽으로 문들이 쭉 있고, 그 문을 열고 들어가면 방이 나오죠. 하지만 방에는 온돌도 구들도 없네요. 시멘트 바닥이 눈에 들어옵니다. 시골에서 올라온 소녀들은 뜨악해집니다. 공장도 사무실도 거리도 아닌데, 잠자는 방이 시멘트 바닥이라니. 소녀는 도시의 차가움을 배우게 됩니다.

방 안 입구에는 자그마한 사물함이 있습니다. 속옷 몇 가지를 넣어두면 그만인 크기죠. 더러는 이 사물함을 둘이서 함께 쓰기도 해요. 사람이 겨우 지나갈 통로를 남겨두고 양쪽으로 잠자는 곳이 있어요.

한 명이라도 더 잘 수 있게 2층으로 만들었어요. 소녀들은 당시 유행하던 '보르네오 침대'라고 빗대어 불렀답니다. 잠자리 앞에는 빨랫줄을 치고, 옷을 '주저리주저리' 걸었어요. 이 옷들이 커튼의 역할을 했지요. 누가 부르면 줄에 걸린 옷을 옆으로 밀며 고개를 내밀었답니다.

2층은 마치 다락방 같아요. 꼿꼿이 허리를 펴고 몸을 세울 수 없어요. 한 층에는 6명씩 잠을 자고 상하층으로 양쪽에 있으니 한 방에 24명이 살지요. 바글거리며 살다 보니 소녀들에게는 숨겨야 할 소중할 것도 없이 사춘기를 보내야 했어요.

책이라도 볼라치면 접이식 작은 밥상을 꺼내 다리 위에 걸쳐두고 읽는답니다. 형광등은 방 한가운데 천정에 하나만 달랑 달렸지요. 1층에 있는 사람들은 다락방에 가려 침침한 불빛 아래에서 읽어요.

배를 깔고 편지를 쓰기도 하지만 도떼기시장 같아 이도 여의치가 않지요.

공장에서 일을 하다 잠시 들어와 눈을 붙이는 곳이지, 휴식의 공간이 되기에는 너무 열악한 곳입니다. 이쯤 되면 기숙사가 아니라 포로수용소라는 걸 눈치채겠지요.

이곳에서 몸을 쉬며 일하던 정희는 아버지의 약값을 벌어야 했지요. 금자는 오빠의 학비를 벌어야 했고요. 은숙이의 유일한 소원은 빨리 공장을 벗어나는 일이었답니다. 미자는 탈출구를 결혼에서 찾았지요. 밤 봇짐을 싸서 떠난 영미는 버스안내양이 되었다고 했고요. 민숙이는 찐한(?) 화장을 하고 다니더라는 말이 떠돌았지요.

이젠 가발공장 안으로 들어가 봅시다. 가발의 재료가 되는 원사가 들어오면 혼모반으로 갑니다. 원사를 가지런히 펴서 자르는 작업을 하지요. 긴 머리 가발인지, 짧은 머리 가발인지를 구분하여 재단을 하는 곳이지요. 재단이 된 원사는 컬반으로 갑니다. 생머리 가발도 있지만 파마를 한 가발도 있어요. 컬반은 파마를 하는 작업을 하지요.

다음 공정은 포스트반과 수제반으로 나뉩니다. 포스트반은 재봉틀로 머리카락을 심는 공정입니다. 수제반은 고무로 된 캡에 한 올 한 올 수를 놓듯 심는 작업을 하지요. 마치 모근에서 머리가 난 것처럼.

두피의 역할을 하는 캡에 머리카락을 씌우고 나면 완성반으로 넘어가요. 여기서 빗으로 가발의 머리카락을 빗는 작업을 한답니다.

극장에서 보여주던 '대한 뉘우스'의 가발공장의 장면은 완성반의 모습이지요.

몸을 뒤틀 공간도 없이 빼곡하게 재봉틀이 놓여 있고, 정신없이 돌아가는 재봉틀 소리는 '대한 뉘우스'에서 나오지 않아요. 물론 이들이 받는 돈은 오로지 자신이 일한 생산량에 달려 있다는 소리도 나오지 않고요. 일요일도 없이 일을 해도 가발공장 소녀들이 얼마를 받고 있는지도 가르쳐주지 않아요. 한국 수출에 기여한다는 말, 이외에는. 단지 수출의 역군이라는 '대한 뉘우스'의 방송이 유일한 위로가 되지요.

얼마나 몸을 버려가며 일하느냐로 한 달 수입이 결정되니 죽는지 사는지 모르고 일을 하지요. 새벽 6시부터 밤 11시까지 화장실 가는 것도 잊고 일하는 사람도 있지요. 일에 지쳐 아프면 그만큼 수입이 줄어야 했어요. 일요일에 쉬면 또 그만큼 월급봉투는 얇아졌고, 생리휴가라는 말은 들어본 적도 없어요.

옆에 동료와 24시간을 함께 있지만 서로 가슴을 열고 이야기할 시간도, 마음의 여유도 없었지요. 부당함을 지적하고 관리자에게 항의를 하던 동료는 뺨을 맞아 고막이 터졌지요. 치료는커녕 그다음 날로 일자리에서 쫓겨나는 기막힌 일이 가발공장에서는 일어났어요.

배옥병을 만나다

구로동 가발공장 서통에는 배옥병이라는 여성이 있었어요. 『어느 돌멩이의 외침』이라는 책을 읽고 자신과 동료의 현실을 깨우친 배옥병은 뒤에 노동조합을 만들고 초대 지회장이 되지요. 서통 노동조합은 우연찮게도 1980년 광주의 비극이 일어난 전날이자, 계엄령이 전국으로 확대된 5월 17일에 만들어집니다.

배옥병은 노동자들이 스스로 자신의 권리를 찾아야 한다며 동료들과 모임을 꾸리기 시작했어요. 사람답게 살아보자, 생산량에 따라 월급을 받아가는 도급제도를 고쳐보자, 가진 것 없고 배우지 못했다는 이유로 소외받고 고통받는 가발공장의 현실을 바꿔보자. 많은 사람들이 배옥병과 뜻을 같이했어요.

오늘 만난 사람은 서통의 포스트반에서 미싱을 했던 고인시 씨랍니다. 그도 서른 해 전에 배옥병과 함께했지요.

커트머리에 살짝 웨이브를 준 파마머리를 하고 있어요. 꽃들이 살포시 그려진 베이지 재킷 안에 목을 덮은 짙은 남색 티셔츠를 입은 그는 너무 단정해 빈틈이 없어 보여요. 짙은 폴라티셔츠 위에 놓인 목걸이가 아니었다면 말을 걸기도 힘들만큼 숨이 막혀왔을 겁니다.

하지만 몇 마디 오가자 그는 환한 웃음을 던집니다. 웃을 때마다 드러나는 가지런한 이가 너무 곱습니다. 웃을 때 콧잔등에 그려지는 잔주름은 옷맵시에서 찾지 못한 귀여움이 배여 있고요.

충남 서산의 문학소녀

그는 충남 서산 바닷가의 자그마한 마을에서 태어났어요. '너무도 아름다운 마을'로 기억을 합니다. 지금은 간척사업이 되어 '아름다운 마을'은 찾을 수 없고, 바둑판이 된 논만이 펼쳐져 있지만.

집 앞에는 해안선이 마을 안으로 말발굽 모양을 그리고 있고, 마을 뒤로는 산이 따사롭게 감싸 안고 있어요. 밀물 때는 바닷물이 산 아래까지 들어와 하얀 거품을 뿜어내고, 썰물 때는 갯벌에 예쁜 바다의 꽃과 풀이 피어 있지요. 갯벌에 펼쳐진 해초를 지금도 눈에 그리며 살고 있어요. 가을이면 예쁘게 물이 들던 해초가 아직도 눈에 아른거린답니다.

아름다운 바다와 산은 그를 문학소녀로 만들었어요. 마흔이 훌쩍 넘은 지금도 그는 공책에 일기를 쓰고 있지요. 그 시절 쓰던 일기를 아직도 이어가지요. 문학소녀의 꿈을 키워준 '너무도 아름다운 마을' 고향을 잊지 못해 마흔이 훌쩍 넘은 지금까지 문학소녀의 꿈을 버리지 못한답니다.

할아버지와 아버지

그의 할아버지는 서당에서 마을 사람들에게 글을 가르쳤지요. 황금 보기를 돌같이 한 분이에요. 돈을 버는 일은 아예 관심이 없고 후학 양성하는 일에만 평생을 보내셨지요. 당연히 집안은 가난했고, 자식들은 배곯는 일에 이력이 났답니다.

아버지는 이런 할아버지에게 반발을 하였지요. 친구들은 할아버지 앞에 무릎을 꿇고 글을 배웠지만, 아버지는 돈을 벌기 위해 열심이었답니다. 남의 집 농사일도 가고, 밤이면 새끼를 꼬아 돈을 벌었답니다. 할아버지는 땅 한 뙈기 남기지 않고 세상을 떠났어요. 아버지에게는 가난이라는 굴레만이 남았지요.

아버지는 가난하다는 이유로 받은 야유와 멸시를 가슴에 품고 돈이 되는 일이라면 가리지 않고 일을 했답니다. 돈을 벌면 땅을 샀지요. 6남매의 다섯째인 그가 자랄 때는 마을에서 꽤 있는 집이 되었어요.

하지만 아버지는 자식들 상급학교 보내는 것은 뒤로했어요. '아무리 배우면 뭐하냐, 가진 것이 없으면 무시받는 세상이여.' 아들이 셋, 딸이 셋인데, 딸은 물론 아들들도 중학교 이상은 보내지 않았지요. 중학교를 마친 그가 '우리보다 못사는 집도 고등학교에 가는데, 왜 나는 못 가느냐'고 따졌지만 아버지는 꿈쩍도 하지 않았어요. '공부는 무슨 공부, 시집이나 가면 되지.'

누가 고춧가루 뿌렸어

중학교를 마치고 고인시 씨는 서울 구로동으로 옵니다. 언니가 먼저 다니고 있던 가발공장에 취직을 했어요. 공장은 '너무도 아름다운 마을'에서 커온 그에게는 너무 낯설고 두려운 곳이었습니다. 콘크리트 바닥의 숙소를 잠자는 곳이라 생각하며 적응하기가 너무 힘들었어요. 후 불면 풀풀 날리는 누리끼리한 밥, 거기에 콩나물국과 함께 나오는 김치를 그는 도저히 먹을 수 없었지요. 고향집에서 보내온 미숫가루가 그의 허기를 달래주는 끼니였답니다.

친구도 많지 않았어요. 모두 일에 지친 몸이라 서로 이야기 나누는 것도 힘이 들었지요. 공장과 기숙사만을 오가며 말 없는 소녀가 되었어요.

서통에 입사할 때 거치는 과정이 있지요. 입사자의 손을 보는 거예요. 시골에서 농사를 짓다 온 투박한 손은 합격입니다. 하지만 손에 도시의 흔적이 보이면 탈락이지요. 세상 물정 모르고 소박한 사람만이 가발공장에 들어올 자격이 되는 거예요. 말 잘 듣는 사람만을 고르는 셈이지요.

일을 하는 중간에 무슨 반에 누가 짤렸단다, 라는 말이 숱하게 돌았어요. 관리자에게 대들다 사람들이 보는 앞에서 맞았다, 라는 말은 그의 몸과 말을 더욱 소심하게 만들었어요. 불만 노출은 해고와 직결이 되었던 시절이었지요.

같은 반에서 일하던 동료 언니가 사람들이 모이는 곳이 있는데 함께 가지 않겠느냐고 물었어요. 아무 거리낌 없이 따라갔지요. 방안에는 꽤 많은 사람들이 있었습니다. 근로자의 권리를 이야기하고, 회사의 부당함을 성토하는 자리였어요. 처음이었지만 어색하지가 않았어요.

하나둘씩 모임에 참가하는 사람들이 늘어갔지요. 노동조합을 만들자는 이야기로 공장은 술렁이기 시작했어요. 1980년 5월 15일 공장 옥상에 모였어요. 이틀간 옥상에서 농성을 하였지요. 말 한마디 잘못했다고 뺨을 맞고 쫓겨나야 했던 어제의 가발공장 근로자가 아니었어요.

5월 17일에는 노동조합 설립을 요구하며 거리로 뛰쳐나가 서통 본사까지 행진을 하려고 했지요. 조합원들이 기계를 멈추고 공장 정문 앞에 모였어요. 공장 문은 굳게 닫혀 있었고, 문밖에는 경찰들이 막고 있었지요. 두려움 없이 모두들 문을 맨몸으로 밀고 나갔지요. 사람답게 살고 싶어서.

안으로 열리는 공장 문이 밖으로 밀려 볼록해질 때쯤, 그 고통의 공장 철문이 터질 때쯤, 매콤한 냄새가 났어요. 눈물이 쏟아지고 코로 숨을 쉴 수가 없었어요. 숨이 콱콱 막혀오는데 죽을 지경이랍니다.

누가 고춧가루 뿌렸어, 소리를 쳤어요. 비명소리와 울음소리가 터져 나왔어요. 정문을 밀고 나오려는 노동자를 해산하려고 경찰이 최루가스를 뿌린 거랍니다. 생전 최루가스가 무엇인지 모르고 살아온 소녀들은 고춧가루라고 생각했지요.

경찰의 방해로 정문을 뚫고 나가지는 못했답니다. 배옥병 씨를 비롯한 일부 지도부들만 빠져나가 섬유노련 본부에서 노동조합을 설립했어요. 5월 17일. 노조가 설립되고 몇 시간 뒤 계엄령이 선포되었어요. 역사의 한가운데에서 노동조합이 만들어진 거죠. 당연히 앞길은 순탄하지 않았습니다.

노조 간부들은 계엄사 합동수사본부에 끌려가 혹독한 조사를 받았어요. 하지만 조합원들은 더욱 튼튼히 모이고 있었지요. 결국 이대로 두어서는 안 된다는 판단 아래 경찰은 노조 지도부를 구속한답니다.

고인시 씨의 화려한 변신

노동조합이 만들어지면서 고인시 씨는 자신이 '물 만난 고기'가 되었다고 말합니다. '너무도 아름다운 마을'과 차이가 났던 공장에서 소심해지고 내성적으로 변해갔던 고인시 씨의 삶에 변화가 생긴 거죠. 숨어 있던 '끼'가 뿜어 나오기 시작했어요.

일요일이면 동료들을 모아 도봉산 계곡으로 야유회를 갔어요. 계곡에서 수박도 먹고, 장기자랑도 하였지요. 노는 짬짬이 조합 이야기도 하고, 근로자가 왜 단결해야 하는가, 하는 교육도 했고요. 고인시 씨 자신도 놀랐어요. 내가 이렇게 사람들과 말도 하고, 내 주장을 떳떳하게 이야기할 수 있단 말인가. 자랑스러웠어요.

노동조합의 1차 지도부들이 구속되자, 고인시 씨는 노조 부지부장 권한대행을 맡아 상근합니다. 사람을 만나는 일이 너무 즐거웠고 행복했다고 회상합니다.

하지만 모든 게 순탄하지는 않았어요. 노조에 대한 탄압과 회유는 더욱 강해졌어요. 경찰은 일일이 조합원들의 집을 찾아가 '당신 딸이 빨갱이가 되었으니 빨리 공장에서 데려가라'고 협박을 하였지요.

그의 집에도 형사들이 찾아왔어요. 하지만 아버지는 딸을 믿었지요. 내 딸이 잘못을 했으면, 벌써 감옥에 잡아갔지 내버려두었겠느냐며 형사들의 말을 무시하고 쫓아냈어요.

하지만 이도 오래가지 못했지요. 아버지가 꿈적도 하지 않자, 형사들이 고향 마을에 상주하며 마을 사람들을 괴롭히기 시작했답니다. 겨울 농한기에 사람들이 마을회관에 모여 화투를 치면 벌금을 물렸어요. 아궁이에 나무를 때던 시절이라 산에서 땔감을 해서 내려오면 산림법으로 입건을 하였어요. 딸 때문에 마을 사람들이 고통을 당하기 시작하자 그 눈총을 아버지도 외면할 수가 없었지요.

결국 오빠가 공장에 찾아왔어요. 오빠는 노동조합을 떠나지 않겠다며 버티는 그를 끌고 고향으로 갔지요. 공장에서 입던 가운이 찢기고, 머리채를 쥐어 잡히며 고향으로 끌려갔답니다. 지켜보던 동료들은 펑펑 울고, 관리자들은 옆에서 히히거리며 웃고 있었지요.

봄날은 갔다

쿠데타로 정권을 잡은 군사정권의 칼바람이 매서울 때랍니다. 누구를 챙기기보다는 자신의 몸 하나 건사하기도 어려운 시절이지요.

1981년 가발공장 서통에서 600명이 넘는 조합원이 강제로 공장을 떠나야 했어요. 무시무시한 광주의 비극과 이어지는 군사정권의 폭압 아래에서 가발공장 소녀들의 소중한 바람은 바람처럼 사라지고 말았지요. 울며불며, 서로 다독이며 험난한 시절을 헤치며 만든 노동조합이었지만, 지키기에는 시절이 너무 혹독하게 추웠답니다.

고향에서 삶은 너무 고단했어요. 집안의 농사를 도우며 있었지만, 그의 마음은 온통 공장의 동료들 곁에 있었답니다. 하지만 누구도 그를 챙기지 못했고, 그도 누구를 찾아 나설 수 없었어요.

너무 고통스럽고 힘들었던 시절로 기억합니다. 농사일이 힘들었던 것이 아닙니다. 처음으로 '나'를 찾고 기쁘게 활동했던, 처음으로 사람답게 목소리를 내었던 시절이 너무도 짧게, 너무도 허무하게 사라졌기 때문이랍니다.

몸도 마음을 따라가는가 봅니다. 마음과 함께 몸도 갈수록 아팠지요. 산을 넘어 읍내에 가서 약을 지어 먹었지만, 몸은 갈수록 나빠졌어요. 그는 도망을 칩니다.

논에서 피를 뽑다 돌아온 그는 우물가에서 발만 닦고 어머니한테 갔어요. "어머니, 나 도저히 여기서 살 수 없을 것 같아. 몸도 갈수록 좋지 않고." 밥도 먹지 않고 그 길로 고향을 떠났어요.

다시 구로동으로 왔지만 그를 기다리는 곳도, 기다리는 사람도 없었어요. 블랙리스트에 이름이 올라 취직을 하면 3개월, 6개월을 버티지 못하고 쫓겨났지요. 모두들 숨죽여 있던 1980년대, 그는 홀로 눈물과 고통으로 시간을 보냈어요. 그리고 1986년에 결혼을 하였지요.

그는 이제 고등학교 3학년, 2학년인 딸 둘의 엄마랍니다. 그의 삶에는 여전히 1980년 5월 17일에 만들어진 노동조합 1년의 시간이 녹아 있어요.

텔레비전에서 드라마는 보지 않아도 뉴스와 신문은 열심히 봅니다. FTA 집회가 한창일 때는 그 집회장 한구석에 자신의 마음을 담아둡니다. 비정규직 노동자의 머리띠를 보면 어느새 그 자리에 마음이 스며들어 가 있지요.

누가 두 번 버렸나

취재를 마친 날 저녁, 그 시절 노동운동을 하였던 한 아주머니를 만나 막걸리 잔을 나누었지요. 그는 지금도 노동자랍니다.

"그래, 나는 초등학교 4학년도 제대로 못 다녔어. 하지만 진짜 열심히 노동운동을 했다고. 그런데 어찌 된 줄 알아. 나보고 조합주의래. 이념이 없데. 마구 혼났어. 내가 무슨 이념이 있겠어. 열네 살에 공장에 들어가 일만 한 내가. 난 사장한테 짓밟히고 쫓겨난 것보다 더 아픈 게 있어. 노동운동하겠다고 공단을 기웃거린 인텔리들이야. 못 배운 노동자들은 사장한테도 버림받고, '노동운동가' 한테도 버림받았어. 7, 80년대 노동자로 조합운동한 우리는 두 번 버림받았어."

그 시절 그를 두 번 버림받게 한 '노동운동가' 는 지금 무엇을 하고 있을까? 머리와 가슴이 얼큰하게 취해옵니다.

지금 아무도 고인시 씨가 1980년 계엄령 아래에서 노동운동을 했다는 걸 눈치채지 못합니다. 블랙리스트에 올라 취직도 제대로 못 한 사실을 누구도 기억하지 않습니다. 5공화국 시절 내내 고통과 눈물로 보낸 사실을 알아주는 사람도 없고요. 민주화운동 보상법이 있는지도, 명예회복을 위한 법이 있는지도 고인시 씨는 몰라요. 물론 법이 적용도 되지 않고요.

고인시 씨는 보상받고 그 시절이 회복되기를 바라지도 않습니다. 자신에게 그 시절을 살게 해준 노동조합과 조합원들이 아름다운 기억으로 남아 있으면 그만이랍니다. 고마워하며 평생 살아갈 거랍니다.

아쉬운 것은 그 시절 공장에서 쫓겨난 600명이 넘는 벗들이 갈기갈기 흩어져 고통의 시절을 홀로 보내야 했던 것입니다. 가슴앓이를 하며. 누가 그에게 따뜻한 말 한마디라도 건넸으면 그토록 고달프지는 않았으리.

그가 눈물을 쏟아 인터뷰가 중단되기도 했어요. 하지만 그 이야기는 싣지 않았어요. 인터뷰가 눈물을 닦아주기는커녕 또다시 생채기를 들추어 후벼 파는 꼴이 되었으니. 글로 써서 남기는 일은 차마 할 수가 없습니다. 내가 사람의 이야기를 기록하는 일을 천업으로 여기며 살고자 하지만, 천업을 버리고 빌어먹는다 해도 그 이야기만은 내 가슴에 묻고 싶습니다.

인터뷰를 하며 나는 내 마음을 늘 빼앗기곤 합니다. 날카로운(?) 질문 한번 던져보지도 못했어요. 그저 고개를 끄덕이며, 그의 삶 속에 내 마음만을 묻어야 했지요. 고인시 씨의 눈물에 마음을 묻고 돌아온 지 두 달이 지났어요. 녹음 파일을 열어보지 않았어요.

가발공장 누이들, 이젠 어디에서 어찌 사는지……. 그저 아름답기를, 제발 행복하기를. (뒤 줄임)

— 오도엽, "가발공장의 추억", 〈삶이 보이는 창〉 57호(2007년 7, 8월호).

취재는 준비와 기획에 성패가 달려 있다고 한다. 이때 이미 기사의 90퍼센트를 쓴다. 나머지 10퍼센트를 위해서 취재나 인터뷰를 한다. 나도 마찬가지다. 다만 다른 점이 하나 있다. 부족한 10퍼센트를 취재하고 난 뒤, 기획 단계에서 쓴 내용의 90퍼센트가 바뀌지 않았으면 기사를 쓰지 않는다. 새로운 것이 없다면 뉴스가 아니다. 가치가 없다는 말이다.

한 편의 글을 쓰는 일은 그리 중요하지 않다. 이제껏 수다를 떨었듯이 어렵지도 않다. 그냥 쓰면 된다. 하지만 '어떤 글을 쓸 거냐? 무엇을 쓸 거냐?'는 글 쓰는 사람이 끝없이 짊어질 숙제다.

지금 이 글을 쓰는 나에게 던지는 질문이다.

보충수업

아홉 가지만 고쳐도
글맛이 산다

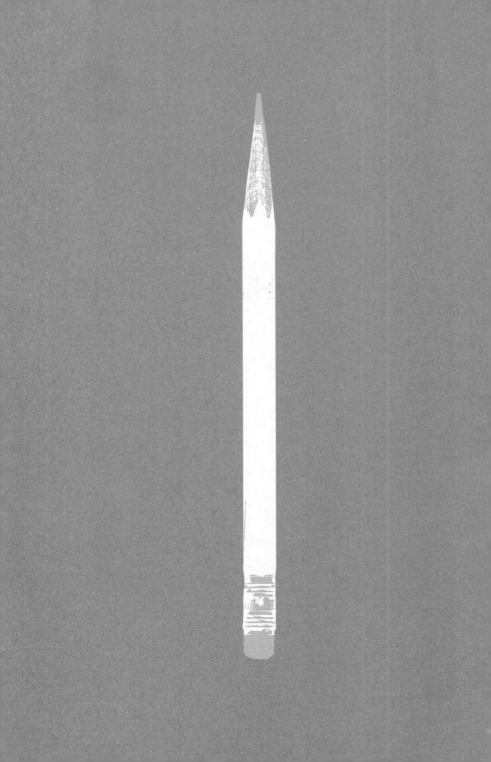

짧을수록 좋다

과제

하지만 집 떠나면 고생이란 말이 실감 나게 되기까지는 오래 걸리지 않았다. 처음 며칠은 시차적응이 아직 되지 않아 낮 시간이 오히려 수면 시간이었던 내가 자신들과 함께하는 시간이 없다고 서운해했던 호스트 가족의 눈치를 봐야 했고, 곧 시작된 학교생활의 첫날엔 말을 걸어온 학교 아이들에게 해줄 수 있었던 대답이 '그렇다'는 의미의 웃음밖에 없었기에 영어라는 언어의 장벽이 너무 크게 느껴져 과연 내가 이 1년을 잘 버텨낼 수 있을까 나 자신을 향한 의심도 들었다. 미국에서의 첫 주를 마쳤을 땐 생각과는 너무도 다른 미국 생활과 기대에 못 미친 나 자신에게 무척 실망을 했었던 기억이 난다.

시차적응 이야기로 시작해서 잠자는 시간을 말하다가 호스트 가족에게 눈치 보던 이야기로 흘렀다. 여기서 멈추지 않고 학교에서 겪은 언어장벽까지. 맺음은 자신에 대한 의문에 이르렀다. 학교에서 겪은 이야기는 시차적응이 아니라 언어 소통의 문제였다. 한 문단에서 두 가지가 넘는 주제의 이야기를 하였다. 또한 일주일이 족히 넘었을 시간이 담겼다. 문장도 끊어야 하지만 문단도 나눠야 한다. 학교 이야기는 아예 빼고 다른 문단에서 새롭게 이야기하는 게 맞다.

한 문장에 30자를 넘지 말라고 한다. 한 문장이 두 줄을 넘기면 나눌 곳이 있나 살펴야 한다. 나눌 곳이 없어도 일부러 나누는 연습을 하는 게 좋다. 주어와 술어, 주어와 목적어와 술어, 주어와 보어와 술어, 이 세 가지 형식이면 어떤 문장도 만들 수 있다.

집 떠나면 고생이란 말을 미국에 도착하자마자 실감했다. 처음 며칠은 시차적응이 힘들었다. 한국과 밤낮이 바뀐 곳에 도착하니 밤에는 눈이 멀뚱멀뚱하고 낮에 잠이 쏟아졌다. 호스트 가족들은 나와 많은 이야기를 나누고 싶어 했다. 하지만 난 쏟아지는 피로 때문에 방문을 잠그고 잠만 잤다. 호스트 가족들은 서운하게 여겼다.

언어장벽도 컸다. 학교에 가니 아이들이 낯선 내가 궁금한지 내게 이것저것을 묻는다. 하지만 내가 할 수 있는 답은 없었다. 그저 씩 웃는 걸로 대답을 대신했다. 언어장벽이 너무 크게 느껴져 내가 미국 생활을 버틸 수 있을까, 의문이 들었다.

미국에서의 첫 주가 지날 때쯤 내가 한국에서 꿈꿨던 유학 생활은 오간

데 없이 사라졌다. 내 보잘것없는 능력을 깨쳤다. 나 자신에게 실망했다.

2

없어도 되는 '것'이다

과제

그렇다면 보편적 복지를 시행하면 정말 의욕을 잃게 되고 공산주의가 몰락한 것처럼 우리 경제는 무너질까? 절대로 그렇지 않다. 21세기는 정보사회다. 탈산업사회라고 불리기도 한다. 2차 산업의 비율은 점차 줄어들고 서비스업의 비중이 점점 커지고 있다는 것이다. 그럼에도 정부는 2차 산업의 일자리만 창출하려고 노력하고 있다. 청년실업 문제가 해결되지 못하는 이유도 바로 이것이다. 공장은 점점 자동화되어 가고 있고, 젊은이들은 생산직을 기피하는데 이런 곳에서 억지로 일자리를 만드니 껍데기만 좋은, '빛좋은 개살구 경제'를 벗어나지 못하는 것이다. 보편적 복지를 시행한다면 노인 복지, 어린이·청소년 관련 복지 산업이 발전하게 될 것이고 수많은 일자리가 창출될 것이다.

한 문단에 무려 네 번의 말끝이 '것이다'다. 없어도 되는 말 가운데 하나가 '것'이다. '것이다' 열 개 가운데 아홉은 없어도 문장에 아무런 지장이 없다. 왜 쓸까? 물론 습관이다.

보편적 복지를 시행하면 정말 의욕을 잃게 될까? 공산주의가 몰락한 것처럼 우리 경제가 무너질까? 절대로 그렇지 않다. 21세기는 정보사회다. 탈산업사회라고 불린다. 2차 산업의 비율은 점차 줄어들고 서비스업의 비중이 점점 커지고 있다. 그럼에도 정부는 2차 산업의 일자리만 만들려고 애쓰고 있다. 청년실업 문제가 해결되지 못하는 이유도 여기에 있다. 공장은 점점 자동화되고, 젊은이들은 생산직을 기피한다. 2차 산업 부문에 억지로 일자리를 만드니 '빛 좋은 개살구 경제'를 벗어나지 못한다. 아예 복지와 같은 서비스업 일자리를 늘려야 맞다. 노인 복지, 어린이·청소년 관련 복지 산업이 발전하면 수많은 일자리가 생긴다.

3

생각해보지 말고 생각하자

우리들이 어렸을 때 가지고 놀던 요요는 원래 필리핀의 사냥 겸 놀이 도구였다고 한다. 이를 가져와 상품화시킨 것이 현재의 요요가 되었고, 지금의 요요는 많은 발전을 거듭하여 화려하고 멋진 기술들이 개발되었다.

집에서 남는 여가 시간에 책 읽기나 글쓰기, 음악 감상 등의 취미들을 가져도 좋지만, 위에 소개된 것처럼 특별하고 재미있는 이런 취미들을 가져보는 것은 어떨까 하고 생각해본다.

가져보지 말고 가지면 어떨까? 생각해보지 말고 생각하자. 문장에 있는 군살만 없애도 문장이 저절로 짧아진다. 종이도 절약된다. 글도 깔끔하다. 읽어보고 가보고 느껴보고 해보고……, 다 불필요한 말이다.

우리가 어렸을 때 가지고 놀던 요요는 원래 필리핀의 사냥 도구이자 놀이 도구였다. 이를 상품으로 만든 것이 지금의 요요다. 요요의 발전은 거듭됐고, 화려하고 멋진 기술들도 개발되었다.

집에서 남는 여가 시간에 책 읽기나 글쓰기, 음악 감상과 같은 취미들을 가져도 좋다. 하지만 위에 소개한 특별하고 재미있는 취미를 즐기면 어떨까 생각한다.

2011년 3월 2일 수요일 오후 2시, 신도림중학교 창조관 3층에서 신도림중학교의 입학식이 열렸다. 입학한 총 학생 수는 434명으로 남자 226명, 여자 208명이 신도림중학교에 입학하게 되었다. 그날 많은 학부모들이 입학식을 축하하기 위해서 참석했다.

한 문단에 '입학식'이나 '입학'이라는 말이 무려 네 번이나 나온다. 문장마다 빠지지 않았고, 한 문장에 두 번씩 쓰기도 했다. '신도림중학교'도 마찬가지다. 단어 암기하는 일도 아닌데 과감히 지우자. 한 문장, 한 문단에 될 수 있으면 같은 말이 나오지 않게 하자. 비슷한 말 또는 다른 말로 바꾸는 연습도 글쓰기 공부다. 바꿀 말이 없으면 사전을 찾자. 더 멋진 말이 기다리고 있다.

고친 글

2011년 3월 2일 수요일 오후 2시, 신도림중학교 창조관 3층에서 입학식이 열렸다. 신입생은 434명으로 남자 226명, 여자 208명이다. 많은 학부모들도 함께 했다.

문장의 시작은 깔끔하게

과제

최근 사회적 문제인 온라인 게임 중독을 막기 위해 국회가 '강제게임 셧다운제'를 통과시켰다.

'강제게임 셧다운제'란 14세 미만의 학생들이 자정이 넘어서 게임 사이트에 접속하는 걸 차단하는 제도를 말한다.

분명 학생들이 밤늦게까지 게임에만 몰두하는 것은 막아야 하지만, 나는 이런 방법으론 별로 효과가 없을 것이라고 생각한다.

왜냐하면 대부분의 학생들은 자신의 주민번호로 게임을 하기보단 부모님의 주민번호나 남의 주민번호를 도용해서 사용하는 경우가 많기 때문이다.

결국 '강제게임 셧다운제'는 게임 중독을 막기보단 학생들이 타인의 주민번호를 무단 도용하는 일들을 더욱 늘어나게 할 가능성이 높다.

그러므로 국회가 강제적으로 규제하기보단 학생들에게 스스로 게임 시

간을 조절해야 하는 이유와 방법 등을 교육하는 게 더 효과적이라고 생각
한다.

문장의 시작에 접속사나 강조하는 말을 넣는 경우가 많다. 그리고,
그러나, 그러므로와 같은 접속사는 없어도 문장에 아무런 지장이 없
는 경우가 많다. 접속사는 문장의 맛을 떨어뜨리기도 한다. 접속사를
지우고 말이 되게 문장을 만드는 연습도 중요하다.
분명, 결국, 왜냐하면과 같은 말도 자신의 논리를 독자에게 '강요'
하려는 엉큼한 속셈이 숨어 있다. 없어도 되는 단어는 지워야 글이
파닥파닥 살아난다.

요즘 사회문제인 온라인 게임 중독을 막으려고 국회에서 '강제게임 셧다
운제'를 통과시켰다. '강제게임 셧다운제'란 14세 미만의 학생들이 자정이
넘어 게임 사이트에 접속하는 걸 차단하는 제도를 말한다.
학생들이 밤늦게까지 게임에만 빠지는 건 막아야 한다. 하지만 나는 이
런 방법은 효과가 없으리라 생각한다. 많은 학생들이 자신의 주민번호로 게
임을 하기보단 부모님의 주민번호나 남의 주민번호를 도용해서 사용하는
경우가 많기 때문이다. '강제게임 셧다운제'는 게임 중독을 막기보단 학생
들이 타인의 주민번호를 무단 도용하는 일들을 더욱 늘어나게 할 가능성이
있다.

사회문제가 생기면 정부나 국회는 법이나 제도로 국민을 통제하려는 생각을 먼저 한다. 규제에 앞서 학생들에게 스스로 게임 시간을 조절해야 하는 이유와 방법을 교육하여야 한다.

문장의 끝도 깔끔하게

과제

유의상 사장님의 표정이 잠시 흐려졌다. 어려운 시절의 기억들이 스쳐 지나가고 있기 때문일 것이다. 지하의 방 한 칸에 어머니까지 모시고 아내와 아들 둘 이렇게 다섯 식구가 웅크리고 잠을 잤고, 하루 2~3시간 이상 잠을 자지 않고 일을 배우는 기간이었다고 한다. 그렇게 2년을 배우고 가게를 차리기 위해 1,000개가 넘는 재래시장을 찾아다니며 가게 자리를 보았다고 한다.

인터뷰 글이나 다른 사람의 말을 옮길 때 말끝마다 '~고 한다'가 반복된다. 인용을 하려면 정확하게 따옴표 안에 그 말을 그대로 옮겨주는 게 맞다. 하지만 굳이 밝히지 않아도 다른 사람의 말이라는 걸 알 수 있을 때는 '~고 한다'를 빼도 괜찮다. 서술어, 말끝을 간략하게 만들면 글 읽는 사람이 편하고, 뜻 전달도 정확하다.

고친 글

    유의상 사장님의 표정이 잠시 흐려졌다. 어려운 시절의 기억들이 스쳐 지나가는 듯하다. 한 칸짜리 지하방에 어머니를 모시고 살았다. 아내와 아들 둘까지 다섯 식구가 웅크리고 잠을 잤다. 하루 2~3시간 이상 자지 않고 일하며 기술을 배웠다. 두 해 동안 기술을 익힌 뒤에는 자신의 가게를 차리려고 나섰다. 무려 1,000개가 넘는 재래시장을 훑으며 가게 터를 찾아 헤맸다.

7

같을 필요 없다

과제

'고물 삽니다' 라는 말은 참 정겨운 것 같다.

내가 어릴 적 시골 마을에는 가끔 엿장수가 왔다. 그 시절에는 고물장수를 엿장수라 불렀는데, 이 동네 저 동네 다니면서 고물과 엿을 바꾸어주었기 때문이었던 것 같다. 엿장수의 구성진 가위 소리가 들려오면 그날은 온 동네 아이들의 가슴 설레는 축제 날이었다.

온 집 안을 뒤져 그동안 모아둔 꼬부랑 쇠붙이며 헌 냄비, 책들을 모조리 들고 나와 엿장수에게 가져다주면 말 그대로 엿장수 맘대로 엿을 주었다. '탁' 소리와 함께 깨어져 나간 엿을 입에 물고, 잠시의 달콤함에 빠져 세상을 다 얻은 것처럼 즐거움의 시간을 보냈던 기억이 난다.

글은 정확해야 한다. 굳이 같을 필요가 없다. 버릇처럼 말끝에 '같은' 이나 '같았다' 를 쓴다. 지워도 문장이 되고, 정확한 문장으로 살아난다.

'고물 삽니다' 라는 말은 참 정겹다.

어릴 적 시골 마을에는 가끔 엿장수가 왔다. 그 시절에는 고물장수를 엿장수라 불렀다. 엿장수는 이 동네 저 동네 다니면서 고물과 엿을 바꾸어주었다. 엿장수의 구성진 가위 소리가 들리면 그날은 온 동네 아이들의 가슴 설레는 축제 날이었다.

온 집 안을 뒤져 그동안 모아둔 꼬부랑 쇠붙이며 헌 냄비, 책들을 모조리 들고 나왔다. 엿장수에게 건네면 말 그대로 엿장수 맘대로 엿을 주었다. '탁' 소리와 함께 깨어져 나간 엿을 입에 물면 잠시 달콤함에 빠졌다. 세상을 다 얻은 것처럼 즐거운 시간을 보냈다.

8

~으로써 어려워진다

과제

　초 · 중등 교육 현장에서 교사의 폭력성 체벌로 여러 차례 문제가 제기되었고 이런 현실을 개선하기 위하여 진보 성향의 교육감을 당선시킨 지자체에서는 학생의 인권이 학교교육과정에서 실현될 수 있도록 함으로써 인간으로서의 존엄과 가치 및 자유와 권리를 보장하는 것을 목적으로 하는 학생인권조례를 제정하여 체벌금지의 제도적 틀을 마련하였다.

　'~으로서'나 '~으로써'를 쓰지 않으면 문장이 돋보인다. 말에 힘이 들어가는 단어는 지우거나 고쳐야 한다. 버릇이 되어 이런 글자가 없으면 글이 아닌 것처럼 보이지만 착각이다. 몸에 밴 버릇은 훈련하지 않으면 고쳐지지 않는다.

　글이 고쳐지지 않으면 앞뒤 문장을 바꿔보자. 문장이나 단어를 아예 없애도 보자. 어느 순간 자신이 쓰려고 했던 글이 새롭게 태어난다.

고친 글

　초·중등 교육 현장에서 교사의 체벌이 여러 차례 문제가 되었다. 진보 성향의 교육감은 이런 현실을 바꾸려고 '학생인권조례'를 만들었다. '학생 인권조례'는 인간의 존엄과 가치, 자유와 권리를 보장함이 목적이다. 학생의 인권이 학교교육과정에서 실현될 수 있도록 체벌금지를 제도로 마련하였다.

9

과거의 과거도 과거일 뿐

과제

언제부턴가 글쓰기는 일상이 되었다. 슬퍼도 쓰고 기뻐도 쓰고 우울할 때나 상심할 때나 언제나 쓰고 또 썼었다. 그런 나였기에 언제 어디서나 글로 하는 것이라면 말로 하는 것 이상으로 남다른 자부심에 우쭐함까지 느꼈었다.

글은 현재 눈앞에 보이는 것처럼 써야 살아난다. 과거의 일도 현재처럼 쓸 수 있다. 지난 일을 말한다는 걸 독자에게 알렸다면 현재처럼 문장을 써도 상관없다. 너무 과거형이니 현재형이니 시제에 얽매이지 마라. 시제에 끌려가다 과거의 과거도 과거일 뿐인데, 쌍시옷이 두 개 들어가는 말을 쓴다. 생각하지 말고 지워라.

보충수업―아홉 가지만 고쳐도 글맛이 산다

고친 글

　언제부턴가 글쓰기가 일상이 되었다. 슬퍼도 쓰고 기뻐도 쓰고 우울할 때나 상심할 때도 글을 쓴다. 어느 순간 글쓰기가 내 몸처럼 여겨진다. 내게 글은 말 이상으로 편하다. 글로 남들 앞에 서면 우쭐함을 느낀다.